W0085357

> »Die Region ist übersichtlich, und der Sprung von See zu See lässt sich schnell bewerkstelligen.«

*Der Fotograf **Thilo Weimar** lebt seit 2009 in Bardolino am Gardasee. So hatte er bei der Produktion dieses Bandes ein Heimspiel. Spezialisiert ist er auf Travel-, Lifestyle und Food Fotografie.*

*Das Ehepaar und Autorenteam **Daniela Schetar** und **Friedrich Köthe** startet von München aus zu regelmäßigen Abstechern an die Oberitalienischen Seen – und das schon seit Studententagen.*

## Liebe Leserinnen, liebe Leser!

Lago Maggiore, Comer See, Luganer See oder Gardasee – welcher ist der schönste der Oberitalienischen Seen? Die Frage lässt sich kaum beantworten. Es hängt davon ab, was man gerade sucht. Sportliche Aktivitäten in mediterranem Klima, dann ist der Gardasee auf jeden Fall das richtige Ziel. Ein bisschen Italianità, etwas Nostalgie und charmante Uferpromenaden – ab an den Lago Maggiore. Labyrinthartige Verknüpfungen von Bergen und Seearmen, dramatische Landschaft, Tessiner Küche – wo sonst als am Luganer und am Comer See wären diese Kriterien erfüllt. Wer sich von allem etwas wünscht, kein Problem, denn die Region ist übersichtlich und der Sprung von See zu See lässt sich schnell bewerkstelligen.

### Natur, Mode und große Oper
Eingerahmt werden die Seen von einer Kette urbaner Zentren wie Milano, Bergamo, Brescia und Verona, in denen die große Vergangenheit auf jeden Schritt gegenwärtig ist, dem quirligen Alltag aber nicht im Wege steht. Die schicksten Modeläden, die innovativste Architektur, die spektakulärsten Museen und die herzzerreißendsten Opernaufführungen sind also nur einen Steinwurf entfernt.

### Genießen mit allen Sinnen
Wir wollen nicht verschweigen, dass die kulinarischen Freuden ein sehr überzeugendes Kapital der Region sind: Kastanienbrot, Polenta, marinierte Forellen, Coteleta Milanese oder sämige Risotti tragen nicht unerheblich zum Wohlbefinden bei. Nicht zu vergessen die feinen Weine, die an teils atemberaubend steilen Hängen reifen. Eben dieses Nebeneinander von grandioser Natur, pittoresken Städtchen, schwelgerischen Villen und Gärten, Gebirgseinsamkeit, zu Stein geronnener, Jahrtausende alter Geschichte, verschiedenster kulinarischer Traditionen und italienischer Urbanität macht in der Lombardei und im südlichen Tessin jeden Ferientag zu einem perfekten Genuss. Kosten Sie doch auch einmal!
Herzlich

*Ihre*

*Birgit Borowski*

Birgit Borowski
Programmleiterin DuMont Bildatlas

**68** Der Mann hat gut lachen: Was er da in seinem Tessiner Grotto zusammenrührt, mundet gewiss.

**42** Mailands Galleria Vittorio Emanuele II gleicht einem (Shopping-)Tempel. Ein Zufall ist das nicht.

**106** Beim (Rad-)Wandern rund um den Gardasee behält man den See fast immer im Blick.

## Impressionen

**8** Die Oberitalienischen Seen bezaubern mit Palmen und üppiger Vegetation, laden zum Träumen genauso ein wie zum Verweilen, auch zum Aktivsein – und wem es dort doch einmal zu wohl wird, der macht einen Ausflug nach Mailand oder Verona.

## Lago Maggiore und Umgebung

**24** **Hier beginnt der Süden**
Ehrwürdige Villen, alter Adel und junge Weltverbesserer prägen die Szene am Lago Maggiore, der seine auffallend längliche Form wie alle oberitalienischen Seen den große Gletschern vergangener Eiszeiten verdankt.

**DUMONT THEMA**
**32** **„Viel Gutes, ja Wunderbares"**
Eine Spurensuche: Hermann Hesse, Golo Mann, Alfred Andersch, Max Frisch und die Krimikönigin Patricia Highsmith – sie alle waren hier.

**34** **Straßenkarte**
**35** **Infos & Empfehlungen**

## Mailand und Umgebung

**38** **Aufbruch und Verfall**
Mailand hat zuletzt eine grandiose Expo ausgerichtet. Aber in der Stadt bröckeln auch viele Fassaden, und die Models müssen aufpassen, mit ihren Stilettos nicht in einem der vielen Schlaglöcher hängen zu bleiben.

**52** **Cityplan, Straßenkarte**
**53** **Infos & Empfehlungen**

## Comer See und Luganer See

**56** **Lustwandeln am Berg und am See**
Die stärksten Kontraste im Nebeneinander von schroffer Bergwelt und mediterranem Licht finden wir hier.

**DUMONT THEMA**
**68** **Polenta aus dem Kupferkessel**
Die Grotti, die rustikalen Tessiner Lokale, müssen Sie unbedingt besuchen.

**UNSERE FAVORITEN**

### BEST OF ...

**22** **Die idyllischsten Agriturismi**
Der Trend zu „Ferien auf dem Lande" ist längst nicht nur auf Bauernhöfe beschränkt. Wir verraten Ihnen unsere besten Plätzchen.

**50** **Die quirligsten Märkte**
Irgendwo ist immer Wochenmarkt, doch nicht jeder *mercato* lohnt einen Besuch oder gar einen Umweg. Diese hier schon.

**114** **Die spannendsten Verkostungen**
Wein und Oliven allerorten – die Region der Oberitalienischen Seen ist mit den Gaben der Götter gesegnet. Hier sind unsere Favoriten.

**27** Am Lago Maggiore trennt keine Sprachgrenze die Schweiz von Italien, denn auch im Tessin ist Italienisch Amtssprache.

**DUMONT THEMA**
106 **Aussichtsgipfel und kulinarische Genüsse**
Die Natur am Gardasee verwöhnt den Wanderer mit ihrer Pracht. Die meisten kommen gerne immer wieder.

110 **Straßenkarte**
111 **Infos & Empfehlungen**

. . . . . . . . . . . . . . . . . . . . . . . . . . . . . . . . . . . . . . . . . .

**Anhang**

116 **Service – Daten und Fakten**
121 **Register, Impressum**
122 **Lieferbare Ausgaben**

DuMont Aktiv

Genießen   Erleben   Erfahren

72 **Straßenkarte**
73 **Infos & Empfehlungen**

. . . . . . . . . . . . . . . . . . . . . . . . . . . . . . . .

## Von Bergamo bis Brescia

76 **Verborgene Schönheit, ländliches Idyll**
Angesichts all der landschaftlichen und architektonischen Höhepunkte zwischen Mailand und Verona werden Bergamo und Brescia leicht übersehen. Leider.

**DUMONT THEMA**
84 **Kriegerische Nomaden, feinsinnige Kulturträger**
Auf den Spuren der Langobarden.

86 **Straßenkarte**
87 **Infos & Empfehlungen**

. . . . . . . . . . . . . . . . . . . . . . . . . . . . . . . .

## Gardasee und Verona

90 **Traumgärten, Exzentriker, Liebesschwüre**
Der Gardasee ist *Bella Italia* vom Feinsten, und Verona, die Stadt Romeos und Julias, muss man einfach gesehen haben.

37 **Auf den Spuren von James Bond**
Wie einst 007 die Verzasca-Staumauer hinunter zu jumpen – wäre das nicht auch etwas für Sie?

55 **Sightjogging Milano**
Kulturgenuss mit Fitnesstraining: Geht das? Ja, das geht.

75 **Zu Fuß zu den Sauriern**
Ein Rundweg führt zu den Stätten des UNESCO-Welterbes – durchaus schweißtreibend und höchst informativ zugleich.

89 **Per Rad in die Historie**
Rund 36 km lang ist die Route zu den Felsbildern im Val Camonica. Sie ermöglichen faszinierende Einblicke in die Vorgeschichte und gehören zum Welterbe der UNESCO.

113 **Der besondere Kick**
Am Gardasee weht immer genügend Wind für Kiter, Surfer & Co.

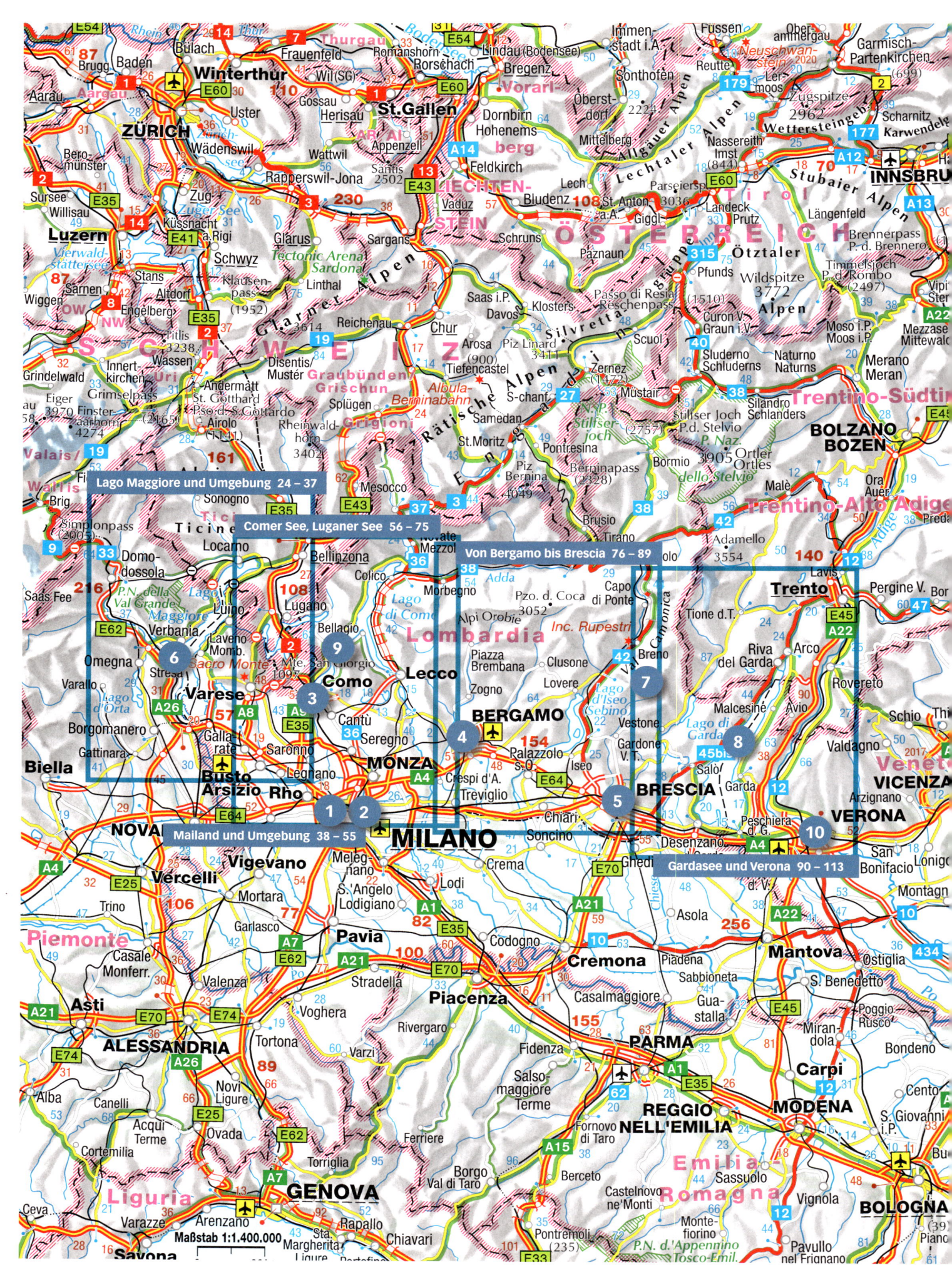

Lago Maggiore und Umgebung 24 – 37

Comer See, Luganer See 56 – 75

Von Bergamo bis Brescia 76 – 89

Mailand und Umgebung 38 – 55

Gardasee und Verona 90 – 113

Maßstab 1:1.400.000

# Topziele

*Die bedeutendsten Sehenswürdigkeiten rund um die Oberitalienischen Seen und Erlebnisse, die Sie keinesfalls versäumen dürfen, haben wir auf dieser Seite für Sie zusammengestellt. Auf den Infoseiten ist das jeweilige Highlight als* **TOPZIEL** *gekennzeichnet.*

## KULTUR

**1 Mailänder Dom:** Außen wie innen ein vielschichtiges Bauwerk mit zahllosen kunstvollen und kostbaren Details. **Seite 53**

**2 Kloster Santa Maria delle Grazie in Mailand:** Leonardo da Vincis Abendmahl im einstigen Refektorium zählt zum UNESCO-Welterbe. **Seite 53**

**3 Dom von Como:** Von hier brachten die Magistri Comacini ihre Kunst in die Welt. **Seite 73**

**4 Piazza Vecchia in Bergamo:** Loggia, Markuslöwe und Uhrturm erinnern an Venedigs alte Herrschaft über Bergamo. **Seite 87**

**5 Kloster San-Salvatore-Santa-Giulia in Brescia:** Eine faszinierende Zeitreise durch die Geschichte und Kunst von den Römern bis ins Mittelalter. **Seite 88**

## NATUR

**6 Borromäische Inseln im Lago Maggiore:** Natur als Kunstwerk: zu filigranen Kaskaden gestutzt, zu bunten Blütenkissen ausgebreitet, in exotische Landschaften verwandelt – ein wahrer Traum! **Seite 36**

**7 Parco Nazionale delle Incisioni Rupestri im Val Camonica:** Chiffren, Symbole und Bilder berichten auf Felsen vom Leben vor 8000 Jahren: Die insgesamt rund 300 000 Felsgravuren zählen zum geschützten Welterbe der UNESCO. **Seite 89**

**8 Giardino Botanico in Gardone:** Natur als Traumbild – die Pflanzen- und Kunstwelten von André Heller zaubern ein poetisch anmutendes Reich der Fantasie an den Gardasee. **Seite 112**

## ERLEBEN

**9 Bellagio am Comer See:** Erinnerungen an die Belle Epoque, an prominente Gäste, rauschende Feste, Liebesdramen und Intrigen. **Seite 73**

**10 Verona:** Architektur, Kunst und Lebensstil verbinden sich in Verona zu einem „typischen Italien". **Seite 111**

## Ein Schiff wird kommen ...

Als „kleiner Bruder des Lago Maggiore" wird der Ortasee gern bezeichnet, der westlichste der Oberitalienischen Seen. Hier blicken wir von einem Bootsanleger des Hauptortes San Giulio auf die gleichnamige Isola. Dort erwartet den Besucher eine Basilika, deren Ursprünge vermutlich bereits auf das 4. Jahrhundert zurückgehen.

# Gläserner Überbau

Entworfen von dem Bologneser Architekten Giuseppe Mengoni (1829–1877), ist die nach dem ersten König des vereinten Italien benannte, 1878 eingeweihte Galleria Vittorio Emanuele II bis heute eine der Hauptsehenswürdigkeiten Mailands. Unter der 47 Meter hohen Glaskuppelkonstruktion lässt es sich bestens bummeln, einkehren, flanieren – und natürlich shoppen.

## Ein bisschen Luxus ...

... ist nie verkehrt. Erst recht nicht, wenn sich
der Luxus des einzigen 5-Sterne-Grand-Hotel
Villa Serbellon in Bellagio mit einer solch herrlichen Lage verbindet: direkt am See, der seiner-
seits eingebettet ist in eine schwelgerisch mit
ihren Reizen prunkende Natur.

# Abendspaziergang

Still schaukeln die Boote im nachtdunklen Wasser des Lago Maggiore, während das Pflaster der Uferpromenade noch warm ist von der Hitze des Tages. Von den Restaurantterrassen dringt Stimmengewirr und Geschirrgeklapper zu uns herauf; wir aber spazieren erst noch ein Weilchen, kehren dann zurück und würden am liebsten für immer bleiben.

# Warten auf den richtigen Wind

Sieht ganz so aus, als hätten die beiden hier beim Surfcenter in Torbole alles fest im Griff. Das ist schön für sie – wie für alle anderen, die gern surfen und wissen, dass sie hier am nordöstlichen Ufer des Gardasees in schönster Regelmäßigkeit auf einen guten Wind hoffen dürfen.

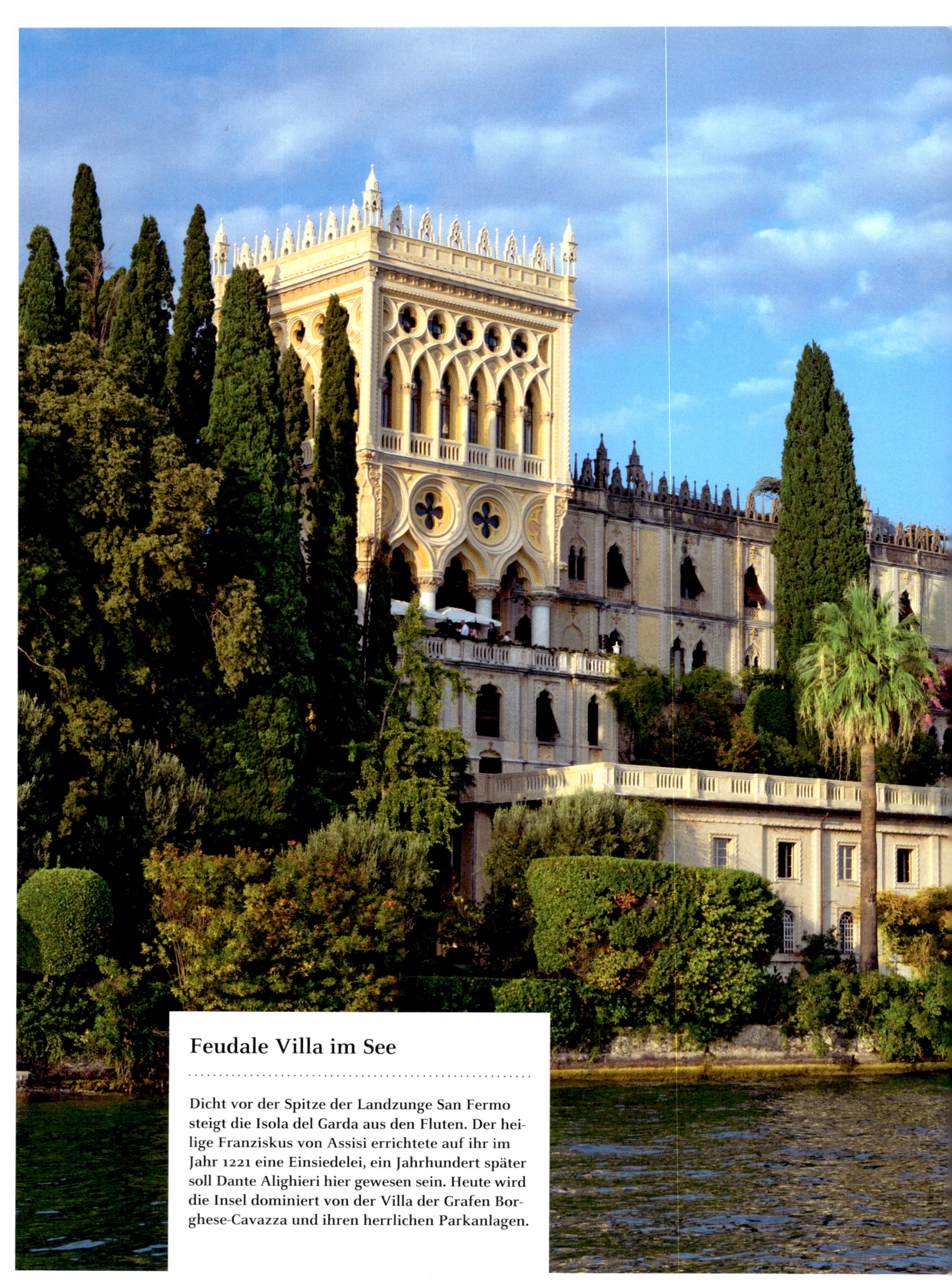

## Feudale Villa im See

· · · · · · · · · · · · · · · · · · · · · · · · · · · · · · · · · · · · · · · · · · · · · · · · · · · · · · · · · ·

Dicht vor der Spitze der Landzunge San Fermo
steigt die Isola del Garda aus den Fluten. Der heilige Franziskus von Assisi errichtete auf ihr im
Jahr 1221 eine Einsiedelei, ein Jahrhundert später
soll Dante Alighieri hier gewesen sein. Heute wird
die Insel dominiert von der Villa der Grafen Bor-
ghese-Cavazza und ihren herrlichen Parkanlagen.

## Pasta e opera

Ausgehen in einer lauen italienischen Sommernacht ist immer etwas ganz Besonderes. Besonders schön aber ist das in Verona, der Stadt der Liebe, wo die Kellner hier bei der Piazza Brà im Laufschritt Pasta & Co. servieren, während sich gleich nebenan in der Arena schon die ersten Ränge füllen mit einem opernbegeisterten Publikum.

Die idyllischsten Agriturismi

# Kleine Fluchten

Der Trend zum Agriturismo, zu Ferien auf dem Lande, ist längst nicht nur auf Bauernhöfe beschränkt. Wir verraten Ihnen, wo Sie an den Oberitalienischen Seen nachhaltig entspannen, ökologisch aktiv sein oder einfach nur rustikal genießen können. Hier unsere liebsten Landhotels.

### 3 Stille zwischen Pinien und Palmen

Das Hotel Concazurra ist ein typisch italienisches Haus, wie man es in den 1970ern baute: Mit Säulen, Schmiedeeisen, zu putzigen Figuren geschnittenem Buchsbaum, eleganten Pinien und in der Brise wispernden Palmen, schweren Möbeln und viel Nippes – ein bisschen Kitsch gehört in Italien eben dazu! Doch das Besondere ist die Lage! Keine tausend Meter entfernt von der Abbazia di Piona am Beginn einer Landzunge, die den türkisen Laghetto di Piona einrahmt, reihen sich unweit des Hotels Badebuchten aneinander – eine idyllischer als die andere. Morgens hat man die Qual der Wahl – hinunter zur Lieblingsbucht am Laghetto oder ein Spaziergang zur Abtei, um deren romanischen Kreuzgang noch vor Ankunft der Touristenbusse zu bewundern?

€€ Hotel Concazurra, Via per l'Abbazia di Piona 119, 23823 Colico Olgiasca, Tel. 0341 93 19 84, www.concazzurra.com

### 1 Ökologisch, puristisch, entspannt

Was tun mit einer 1940er-Jahre-Pension in malerischer, wenn auch abgelegener Lage? Ökologisieren! Das Haus modern mit Holz verschalen, ein Biomasse-Kraftwerk aufbauen, ein traumhaftes Öko-Spa einrichten, die Zimmer schick mit Naturmaterialien ausstatten, regionale Bio-Lieferanten engagieren – fertig ist das Eco Ambient Hotel Elda in einem Hochtal oberhalb des Ledro-Sees. Was Sie hier so alles unternehmen können? Abschalten in einem der traditionell oder modern gestalteten Zimmer mit Kastanienholzboden. Sich verwöhnen lassen im türkischen Dampfbad oder der finnischen Sauna. Mountainbiken, Schneeschuhwandern, Gleitschirmfliegen, Spazierengehen, das köstlich-gesunde Essen genießen oder auch mal einfach den lieben Gott einen guten Mann sein lassen und am Pool liegend die majestätischen Berge im Talschluss bestaunen.

€€€ Eco Ambient Hotel Elda, Via 3 giugno 3, TN–38067 Ledro, Tel. 0464 59 10 40, www.hotelelda.com

### 2 Traumblick, Mountainbikes und ein legendäres Grotto

Wer sich hier, in 800 m Höhe über dem Nordwestufer des Comer Sees, einmietet, will vor allem das: auf Mountainbikes oder zu Fuß die grandiose Bergwelt erkunden. Dass der morgendliche Aufbruch aus dem gemütlichen Agriturismo Zertin so schwer fällt, damit konnte man ja nicht rechnen. Das liegt nicht am üppigen, Kräfte für den ganzen Tag verheißenden Frühstück, sondern an der Terrasse, auf der die Gäste bei schönem Wetter den Tag im Freien beginnen. Von ihr stürzt der Blick ab wie ein Adler im Sturzflug, den steilen Hang hinunter in die blau glitzernde Tiefe des Comer Sees. Sich von diesem Panorama trennen, um die Berge hinaufzuradeln oder zu wandern? Aber natürlich, denn die zweite Verheißung sind Polenta, Rippchen und Hauswein im nahen Grotto Gagni. Sie bilden den krönenden Abschluss eines tollen Aktivtages.

€€ Agriturismo Zertin, Via ai Monti, 22010 Peglio, Tel. 0331 6 50 58 22, www.agriturismozertin.com

## 4 Ferien im Olivenhain

Die Cavazzas sind eine Tourismus-Dynastie am westlichen Gardasee. Begonnen haben sie mit einem Campingplatz bei San Felice del Benaco, bald kam ein zweiter dazu und schließlich der Agriturismo La Breda, umgeben von einem immergrünen Olivenhain und direkt gegenüber der Isola del Garda, die übrigens ebenfalls den Cavazzas gehört. So genießt der Gast hier gleich mehrere Vorteile: Er wohnt abseits allen Trubels in netten, ruhigen Apartments am Wasser, badet im Lago oder im ökolo-gischen Schwimmteich, kommt in den Genuss des hauseigenen feinen Olivenöls und individueller Führungen auf der magischen Isola, auf der Franz von Assisi eine Klostergemeinschaft gegründet haben soll. Und wenn die Cavazzas ihre Oliven ernten, machen alle Gäste immer gerne mit.

€€ Agriturismo La Breda, Via Benaco 15, Loc. Baia del Vento, 25010 San Felice del Benaco, Tel. 0365 6 22 00, www.agriturismolabreda.com

## 5 Verona einmal ländlich

Kennen Sie das? Nach einem langen Besichtigungstag in der Stadt finden Sie nachts im Hotelzimmer keine Ruhe, denn das städtische Leben um das Hotel herum tobt weiter. Action und Stille, Stadt und Land zu verbinden – das gelingt im Agriturismo Il Pianetto, der sich knappe drei Kilometer von Veronas Altstadt entfernt in den Torricelle-Hügeln einen Aussichtsbalkon gesichert hat. Zimmer und Apartments sind in zarten Farben modern möbliert. Abends orchestriert das Zirpen der Grillen den Sonnenuntergang, während Sie bei einem Glas Chiaretto zusehen, wie Veronas Altstadt unten in der Dunkelheit versinkt. Morgens weckt Sie dann nicht die Müllabfuhr, sondern ein vielstimmiges Vogelkonzert.

€€ Agriturismo Il Pianetto, Viale dei Colli, 49/d, 37128 Verona, Tel. 0458 34 24 16, www.ilpianetto.it

## 6 Das Glück der Erde über dem Gardasee

Allein schon der herrliche Blick über den See zum Monte Baldo spricht für den Aufenthalt in der Scuderia, aber der eigentliche Grund, hier oberhalb von Toscolano-Maderno eines der freundlichen Zimmer zu mieten, sind die Pferde. Auf ihnen unternehmen Reiter unter Giovannis kundiger Führung Wanderritte durch Wälder und Täler des Naturparks Alto Garda Bresciano, angefangen mit einem kurzen Testritt bis hin zu mehrtägigen Trekkingtouren. Während die einen ihr Glück auf dem Rücken der Pferde suchen, verlassen sich die anderen auf die eigenen zwei Beine und erschließen sich den Naturpark auf einfachen bis anspruchsvollen Wanderungen – die meisten Wege beginnen direkt vor der Tür. Zum Abendessen regen regionale Küche, teils aus Bioprodukten, und feine Tropfen vom Gardasee die Stimmung an, und das nächtliche Glitzerpanorama des Sees sorgt für die romantische Note.

€€ Agriturismo Scuderia Castello, Via Castello 10, 25088 Gaino di Toscolano Maderno, Tel. 0365 64 41 01, www.scuderiacastello.it

# Hier beginnt der Süden

Ehrwürdige Villen, alter Adel und junge Weltverbesserer prägen die Szene am Lago Maggiore, der seine längliche Form wie alle oberitalienischen Seen den großen Gletschern vergangener Eiszeiten verdankt. Wer den See mit dem Auto oder im Zug über die Alpen kommend erstmals zu Gesicht bekommt, erkennt sofort: Hier beginnt der Süden. Die mediterrane Vegetation ist eindeutig, nur die alpine Kulisse (ver-) stört. Jedenfalls auf den ersten Blick – schon beim zweiten entfaltet sich der ganz besondere Reiz.

Blick von Orta San Giulio auf die Isola San Giulio im west ich vom Lago Maggiore gelegenen Ortasee.

Ganz oben: die hoch über Locarno thronende Wallfahrtskirche Madonna del Sasso. Darunter: an der Uferpromenade von Ascona.

Heut geh'n wir ins Maxim? Nein. Ins Lido? Auch nicht, aber in die Via Lido, wo in Asconas „Beach Lounge" Party angesagt ist. Nur heißt die hier nicht „Party", sondern „Event", versteht sich …

Ronco sopra Ascona ist ein malerisches Bergdorf mit herrlichem Blick über den Lago Maggiore.

Auch im Tessin ist Italienisch Amtssprache (und für 85 Prozent der Bevölkerung Muttersprache zugleich).

Festlich mit Blüten und marmornen Göttern geschmückt liegt die Isola Bella wie ein Prunkdampfer im Golf von Verbania. Stufe für Stufe steigt ihre südliche Hälfte als schwimmender Barockgarten steil aus dem See. Seit dem 17. Jahrhundert bezaubern sie und die anderen Borromäischen Inseln die Besucher des Lago Maggiore. Vor allem die zehn Gartenterrassen der Isola Bella wirken so surreal, als seien sie der Feder eines M. C. Escher entsprungen. In Pyramidenform verjüngend staffeln sie sich übereinander, dekoriert mit zahllosen Statuen, Brunnen, Obelisken. Rhododendronhecken, Rosenkaskaden und Azaleenkissen setzen Farbexplosionen ins marmorne Grau, Bitterorangen und Zitronen verströmen Aromawolken, und als sei all diese Pracht noch nicht genug, stolzieren schneeweiße Pfaue, die Wappentiere der Borromei, über den akkurat gestutzten Rasen. Carlo III. Borromeo ließ das Felseiland im 17. Jahrhundert für seine Gattin als Sommerresidenz gestalten; drei Generationen bauten daran, bis der Palast und der herrliche Garten, nach Carlos Wunsch als *luogo di delizie*, als Ort der Wonnen, vollendet waren. Obwohl sie zu den größten Touristenattraktionen im und um den Lago Maggiore zählt, wirkt die „Bella" heute, 350 Jahre später, immer noch verwunschen.

Wie die Isola Bella kennt ihre Nachbarin, die Isola dei Pescatori, eine Zeit vor und nach dem Tourismus. Davor lebten

Der richtige Kick für Adrenalinjunkies: Bungee-Jump von der 220 Meter hohen Verzasca-Staumauer.

In zwei Bögen schwingt sich der Ponte dei Salti bei Lavertezzo im Verzascatal über den Fluss. Dessen – die Farbe der üppig wuchernden Umgebung widerspiegelndes – „grünes Wasser" *(verde acqua)* gab dem Tal seinen Namen.

Kirchturm von Intragna im wildromantischen Centovalli.

hier Fischerfamilien, heute verbummeln auf der Landzunge Tagesbesucher ihre Zeit bis zur Abfahrt der Fähre. Im Dorf sind die alten Fischerhäuser hinter den Girlanden von Sonnenhüten, Billighandtäschchen und Muschelmobiles kaum noch zu erahnen. Restaurants, Cafés und Souvenirgeschäfte haben das Regime übernommen. Doch wenn abends das letzte Boot ablegt, sitzen auf einmal wieder die Männer am Kai und flicken ihre Netze, während die Frauen lautstark mit der Nachbarin diskutieren.

### Stammbaum mit Heiligem

Die Conti di Borromeo führen ihre Ahnengalerie bis ins 13. Jahrhundert zurück und zählen sogar einen Heiligen, den Mailänder Erzbischof Carlo Borromeo (1538 bis 1584), zu den ihren, was sie über andere italienische Adelshäuser erhebt. Die Familie bezieht daraus ein gesundes Selbstbewusstsein: 1797 weigerte sich der Conte, Napoleon zu empfangen, als der Kaiser sich eigenmächtig auf der Isola Bella einquartiert hatte, und Principessa Bona, das heutige Familienoberhaupt, zeigte einst Silvio Berlusconi die kalte Schulter.

Diskretion ist oberstes Gebot, das sollte auch für die jüngste Generation gelten, die sich schlagzeilenträchtig mit dem Fürstenhaus zu Monaco und den Fiat-Agnellis liiert hat. Aber des heiligen Carlos Motto „Humilitas", Demut, gilt offenbar

nicht für alle Familienmitglieder, obwohl das Wort sich allerorten auf der Isola Bella findet und das Familienwappen schmückt. Ob diese „Demut" der Grund dafür ist, dass die Borromei nach wie vor den Sommer auf der Isola Bella verbringen, belagert von Tausenden Tagesbesuchern? Oder hat es doch mehr damit zu tun, dass die adlige Familie auf den Genuss dieses wunderschönen Anwesens nicht verzichten will – genauso wenig wie auf die erklecklichen Einkünfte aus Ticket- und Souvenirverkauf?

### Italien trifft Schweiz

Anders als der Comer See weiter östlich besitzt der Lago Maggiore trotz seiner Borromäischen Inseln, trotz der von herausgeputzten Nostalgievillen und -hotels gesäumten Seepromenaden in Ferienorten wie Verbania oder Stresa, trotz seiner fantastischen Gärten und Parks um die Villa Taranto, Villa S. Remigio oder die Isole di Brissago kein wirklich mondänes Flair. Staunend bewundert man in

Verbania die kamelienumstandene Villa Giulia in all ihrer Belle-Époque-Eleganz, in Baveno die k.u.k.-Herrlichkeit des Hotels Lido Palace, und erstarrt ein paar Meter weiter vor einer pseudomittelalterlichen Burgruine, die ein reicher Engländer ohne ästhetischen Sinn und Verstand an den See setzen durfte. Die Sehnsucht nach mildem Klima und Italianità, die im 19./20. Jahrhundert so viele Nordländer an den „Langensee" zog, trieb gelegentlich auch seltsame Blüten. Die meisten davon, so die Aussteigerkolonie des Monte Verità, gediehen allerdings an den Schweizer Gestaden des Lago Maggiore, die sich im Norden an etwa einem Fünftel des Seeufers entlangziehen.

### Zauber für Sonnenhungrige

Von der Terrasse der Wallfahrtskirche Madonna del Sasso oberhalb von Locarno breitet sich dieser dem Tessin zugehörige Teil des Sees wie ein antikes Theater vor dem Betrachter aus. Vom

> ## „Das ist der genießerischste Platz, den ich auf der Welt gesehen habe." Gustave Flaubert

In Orta San Giulio, am Ostufer des Ortasees.

Die herrliche Pflanzenwelt des den größten Teil der Landzunge Punta della Castagnola einnehmenden Parks der Villa Taranto profitiert vom mediterranen Klima im südlichen Teil des Lago Maggiore.

Blick auf Mergozzo am gleichnamigen, naturbelassenen See.

Val Grande  **Special**

# Gneis, Granit & Einsamkeit

**Dichte Buchen- und Bergahornwälder branden gegen schroffen Fels; Kaskadenschleier stürzen sich über Hänge; Zistrosen tupfen rosa Kleckse dazwischen: Gleich neben dem Lago Maggiore wuchert dieses Urwalddickicht.**
Grau gegen Grün sind die Farben des Val Grande: Wanderer treffen im 146 Quadratkilometer großen Schutzgebiet auf eine Wildnis, wie sie sonst in den Alpen kaum zu finden ist. Dazu gehören oft uneindeutig markierte Pfade, die das Navigieren mit Karte und Kompass zur unerlässlichen Kunst erheben, und mit schweren Steinplatten gedeckte Schutzhütten, in denen die Feuerstelle den einzigen Luxus darstellt. Dazu gehören auch Heidelbeerfelder und mit Lianen überwucherter Wald, Einsamkeit sowie der herrliche Blick vom Pizzo Marona zum Lago Maggiore.

schmalen, mit Platanen und Fächerpalmen bestandenen Uferstreifen steigen die Berge zu einem majestätischen, blaugrünen Rund auf, dessen höchste Lagen sich noch im späten Frühjahr schneebezuckert präsentieren. Was einst eine Kleinstadt (Locarno) und ein beschauliches Fischerdorf (Ascona) war, ist heute zu einem von Hochhäusern der internationalen Banken dominierten Gebäudekonglomerat zusammengewachsen. Und doch ist der Zauber zu spüren, den das Nordende des Lago Maggiore auf Sonnenhungrige ausübte. Nach beschwerlicher Reise über die Schweizer Alpen standen sie vielleicht eben hier, erfasst von der milden Luft, dem Duft von Lorbeer, dem weichen Licht – und wandelten sich von Sommerfrischlern zu Zivilisationsflüchtigen.

## Schwierige Sinnsuche
Wie die seltsame Gemeinschaft, die ab dem Jahr 1900 am Monte Verità, dem „Wahrheitsberg" im Westen von Ascona, ihre Zelte aufschlug, um ihre Vorstellung vom alternativ-utopischen Lebensentwurf an der Realität zu messen. Den Gründern, die den Hügel oberhalb von Ascona erwarben, folgten Aussteiger, Literaten, Philosophen und Anarchisten. Das Experiment verlor sich nach 20 Jahren im Ungefähren, wirkt aber bis heute nach. Nicht nur in den Ideen von Alter-

nativen, sondern auch als Erbe, das der Kanton Tessin bislang nur schwerfällig verwaltete. Die berühmten, aus Holz erbauten *Case* der Gemeinschaft werden zwar seit Jahren renoviert, doch kaum etwas geht voran. Auch das Testament Eduard von der Heydts, der den Berg 1926 übernahm, darauf ein Bauhaus-Hotel errichtete und alles dem Kanton vermachte, blieb lange unerfüllt: Nach seinem (letzten) Willen sollte der Monte Verità für künstlerische und kulturelle Aktivitäten mit länderübergreifender Ausstrahlung genutzt werden. Abgesehen von einigen zaghaften Aktionen war es aber recht lange damit nicht weit her. Bis die im Jahr 2013 ins Leben gerufene literarische Primavera Locarnese unter dem passenden Motto „Utopien und herrliche Obsessionen" Dichter und Denker auf dem Monte Verità versammelte. Es kamen, lasen, diskutierten europäische Intellektuelle wie der Triestiner Schriftsteller Claudio Magris, die Deutschen Hans Magnus Enzensberger und Peter Sloterdijk, der italienische Architekt Mario Botta – und auf dem Berg wehte ein Hauch des alten Geistes. Den beschwört das Symposium nun jedes Jahr. Das Wohnhaus des Gründers, Casa Anatta, wird zum Museum umgebaut, und die beiden „Lufthäuser" Casa dei Russi und Casa Selma stehen bereits Besuchern offen. Das zeigt: Der Monte Verità erwacht.

LITERARISCHE LANDSCHAFT TESSIN

# „Viel Gutes, ja Wunderbares"

*Seinen Anfang nahm der Rückzug mitteleuropäischer Geistesgrößen ins schweizerische Tessin bereits Ende des 19. Jahrhunderts. Im darauffolgenden Jahrhundert zog der Kanton als Nabel der intellektuellen Szene viele Schriftsteller und Philosophen an. Heute pilgern Literaturfans auf ihren Spuren hierher.*

In den Räumen der Torre Camuzzi – unweit der Casa Camuzzi in Montagnola,
in der der Dichter in den Jahren 1919 bis 1931 in einer Wohnung mit weitem Blick über den
Luganer See lebte – wurde das Museo Hermann Hesse eingerichtet.

„Wenn ich diese gesegnete Gegend am Südfuß der Alpen wiedersehe, dann ist mir zumute, als kehrte ich aus einer Verbannung heim, als sei ich endlich wieder auf der richtigen Seite der Berge", schrieb Hermann Hesse über sein Domizil in Montagnola hoch über dem Luganer See. Auch wenn das ihm dort gewidmete Museum nicht sein Wohnort war, so kann man sich doch gut vorstellen, wie der Dichter an seinem Schreibtisch die eindrucksvolle Geschichte von Siddharta Form und Gestalt annehmen ließ, wie er durch den Garten spazierte, den vom vielen Denken müden Kopf beschattet mit einem breitkrempigen Strohhut, noch als bald Neunzigjähriger! Als Besucher des Museo Hermann Hesse blickt man durchs Fenster und stellt sich vor, wie der Meister an seinem Pult sitzend in die Landschaft hinausblickte – der Dichter hat „in Montagnola viel Gutes, ja Wunderbares erlebt" und, wie er ebenfalls schrieb, „dem Dorf und seiner Landschaft viel zu danken." Ins Tessin, das er als sein „ersehntes Asyl" bezeichnete, war er 1919 gekommen, nach dem Ersten Weltkrieg.

Zugeschrieben wird Hesses Entdeckung des Tessin der Wirkung, die damals die lebensreformatorische Gemeinschaft des Monte Verità am benachbarten Lago Maggiore auf Intellektuelle wie ihn ausübte. Was in Kunst, Literatur, Tanz und Philosophie Rang und Namen hatte, traf sich auf dem Berg der Wahrheit: Hans Arp, Ernst Bloch, Gerhard Hauptmann, Marianne von Werefkin, C. G. Jung und viele andere mehr – die Liste der Prominenz ist lang. Nicht wenige waren auf der Flucht oder von der Heimat enttäuscht: Der russische Anarchist Michail Bakunin verbrachte in Minusio bei Locarno von 1869 bis 1876 seine letzten Jahre. Minusio wurde auch Domizil des von Nazideutschland angeekelten Dichters Stefan George, der von 1931 bis zu seinem Tod 1933 in einer alten Mühle lebte. Der Historiker Golo Mann zog sich nach dem Zweiten Weltkrieg nach Berzona im Onsernonetal zurück. Das abgelegene, ehemalige Strohflechterdorf beherbergte außerdem den Schriftsteller Alfred Andersch, der im Jahr 1958 zu Mann stieß, und ab 1964 Max Frisch. Zu dritt trafen sie sich zum Weintrinken und Kartenspielen.

**Der Traum vom einfachen Leben**
Nach den Schrecken der beiden Weltkriege war es wohl das Bedürfnis nach dem einfachen, unverfälschten, ernsten Leben, das die von der Zivilisation Enttäuschten faszinierte. Südlich der Alpen gaben sich Luft und Licht schon mediterran, doch weich und ohne die stechende Hitze weiter unten in den Ebenen. Auch die Menschen an Lago Maggiore und Luganer See ließen die anziehende Leichtigkeit des *dolce far niente* schon spüren, aber auf die Unverbindlichkeit des Südens verzichteten sie.

Die Krimikönigin Patricia Highsmith, die sich mit ihren Katzen ab 1981 zunächst in Aurigeno im Maggiatal und ab 1988 bis zu ihrem Tod im klimatisch etwas freundlicheren Tegna oberhalb des Lago Maggiore vergrub, hatte allerdings neben der Sehnsucht nach Einsamkeit auch ganz handfeste Gründe für ihren Rückzug ins Tessin. In ihrer Wahlheimat Frankreich wurde sie vom Fiskus der Steuerhinterziehung verdächtigt und ihr Haus durchsucht. So etwas konnte ihr in der Schweiz nicht passieren.

Hesse-Museum in der Torre Camuzzi: „Hier scheint die Sonne inniger, und die Berge sind röter, hier wächst Kastanie und Wein, Mandel und Feige, und die Menschen sind gut, gesittet und freundlich." (Hermann Hesse)

## Museo Hesse in Montagnola

Die Häuser von Max Frisch in Berzona, von Patricia Highsmith in Tegna und von Hermann Hesse in Montagnola existieren zwar nach wie vor, sind aber weder gekennzeichnet noch zugänglich. In Montagnola vermittelt das Museo Hesse einen Eindruck von der Lebens- und Arbeitswirklichkeit des Dichters (Torre Camuzzi, Montagnola, März–Okt. tgl. 10.30–17.30, Nov.–Feb. Sa. u. So 10.30–17.30 Uhr, www.hessemontagnola.ch). Hesses Grab befindet sich unterhalb des Ortes auf dem Friedhof S. Abbondio.

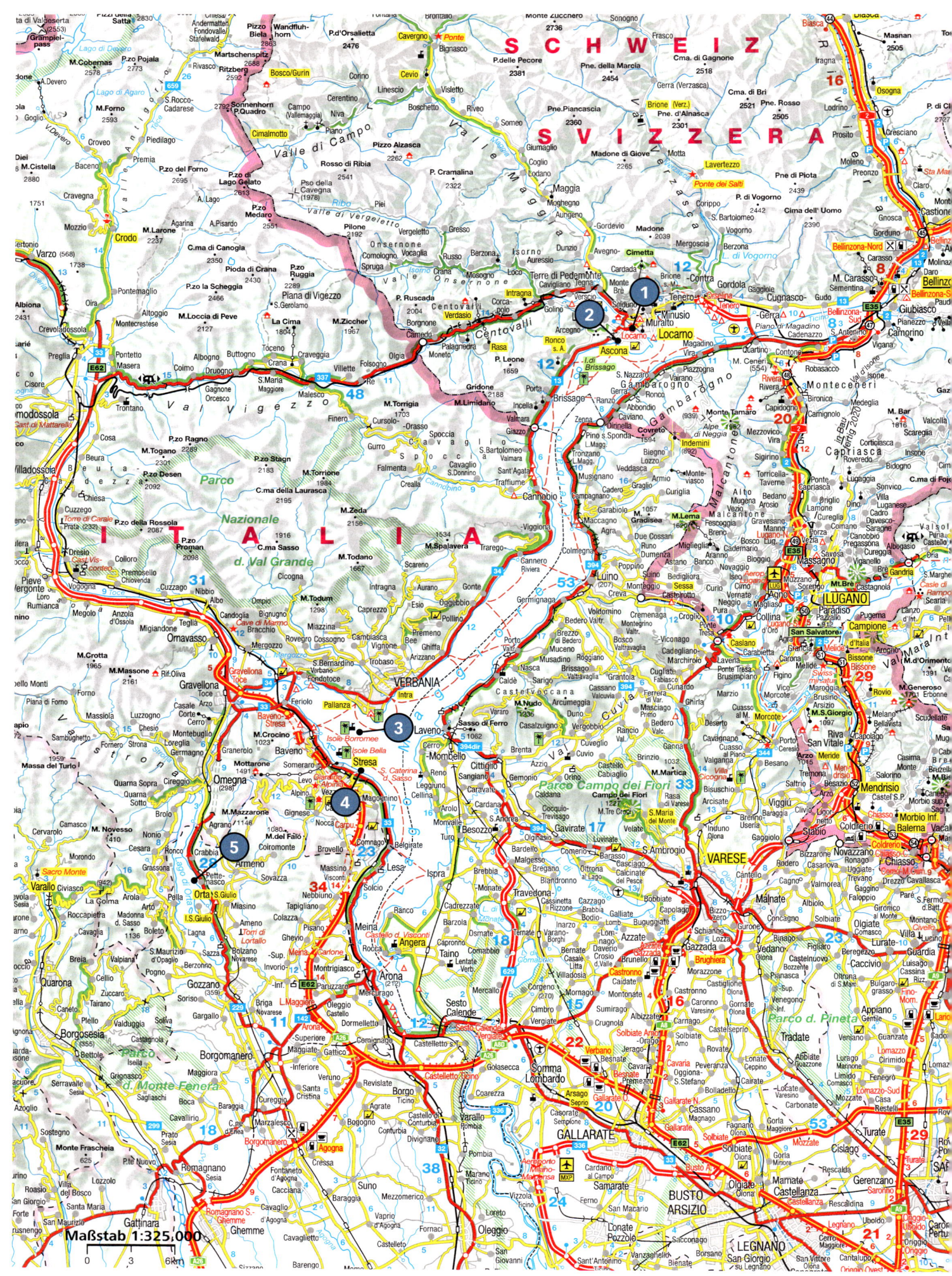

# Palmen und Schneeberge

*Mit 66 km Länge und bis zu 10 km Breite wirkt der Lago Maggiore auf Landkarten wie ein Wurm, der sich aus den Schweizer Südalpen kommend weit in die italienische Po-ebene schlängelt. Etwa ein Fünftel des Sees gehört zum Schweizer Kanton Ticino (Tessin), den Rest teilen sich die italienischen Regionen Piemont (West) und Lombardei (Ost).*

## ① Locarno

Die Stadt am Nordende des Lago Maggiore wirkt größer, als ihre Einwohnerzahl (15 000) vermuten lässt. Durch steile Bergflanken vor Nordwinden geschützt, entfaltet sich in ihren Parks eine mediterrane Pflanzenpracht. Der wirtschaftliche Aufschwung als Finanzplatz ab den 1950er-Jahren bescherte Locarno zahlreiche Hochhausbauten und eine stark zersiedelte Peripherie.

### SEHENSWERT/MUSEUM
Der aus dem 14. Jh. stammende **Torre del Comune** wacht über das bunte Treiben auf dem zentralen Platz, die von Arkaden gerahmte Piazza Grande. Ein Stück nach Westen erhebt

## Val Verzasca

Feigen, Bananen, Weinreben umwuchern mit Schieferplatten gedeckte Steinhäuser, über 2000 m hohe Bergriesen begleiten den Lauf des Flüsschens Verzasca, das auf seinem Weg durch das 25 km lange Tal das geäderte Gestein zu gerundeten Fantasiegebilden und Gumpen ausgewaschen hat. Der doppelbogige Ponte dei Salti bei Lavertezzo bietet zusammen mit den erodierten Felsen und dem türkisgrünen Fluss ein herrliches Fotomotiv. Auch zahlreiche einfache bis sehr anspruchsvolle Wanderungen sind im Val Verzasca möglich.

sich das zinnengekrönte **Castello Visconteo** (12. Jh.). Das **Museo Civico e Archeologico** zeigt hier archäologische Funde, historische Möbel und Gemälde (Via B. Rusca 5, April–Okt. Di.–So. 10.00 – 12.00, 14.00 – 17.00 Uhr, www. locarno.ch/it/museio-civico-e-archeologico). Die Kirche **S. Vittore** (11./ 12. Jh.) im Osten birgt u.a. romanische Fresken. Imposant: die von fantasiereich skulptierten Säulenkapitellen gestütze romanische Krypta unter dem Chor. Markttag auf der **Piazza Grande** ist der Donnerstag.

### VERANSTALTUNG
**Festival Internazionale del Film** jährlich im August auf der Piazza Grande (www.pardo.ch).

### RESTAURANT & UNTERKUNFT
Regionale Küche wird in der €€€ **Locanda Locarnese** neu interpretiert. Das sympathische Lokal an der Piazza Grande zählt zu den besten der Stadt (Via Bossi 1, Tel. 091 7 56 87 56, www. locandalocarnese.ch). Rustikaler ist die kunterbunt eingerichtete €€€ **Osteria Borghese** mit täglich wechselnder Karte und hausgemachter Pasta (Via Borghese 20, Tel. 091 7 51 04 98). Im €€€€ **Hotel Belvedere** oberhalb des Zentrums begeistern die Aussicht ebenso wie der angenehme Spa-Bereich und das freundliche Personal (Via ai Monti della Trinita 44, Tel. 091 7 51 03 63, www.belvedere-locarno.com).

### UMGEBUNG
Eine Marienerscheinung löste den Bau der in 355 m Höhe über Locarno liegenden Wallfahrts-

*Locarnos Piazza Grande mit ihren eleganten Arkaden-häusern verwandelt sich während der Filmfestspiele in ein grandioses Freiluftkino.*

kirche **Madonna del Sasso** (16./17. Jh.) aus. Im Inneren ist das Gotteshaus reich barock ausgestattet. Die Standseilbahn Funicolare fährt ab der Via Ramogna neben dem Bahnhof alle 15 Min. hinauf. Gemächlich ist auch ein Ausflug mit der **Centovallibahn** – und der kurvenreichen Fahrt mit dem Auto vorzuziehen. Vom Zug aus können Sie die „hundert Täler" *(Centovalli)* zwischen Locarno und dem italienischen Domodossola richtig genießen.

### INFORMATION
Ente Turistico Lago Maggiore, Largo Zorzi 1, Locarno, www.ascona-locarno.com

## ② Ascona

Seine steile Karriere verdankt Ascona den Aussteigern auf dem Monte Verità. Durch sie in den Fokus der europäischen Intellektuellen gerückt, verwandelte sich das Fischerdorf zu Beginn des 20. Jh.s in eine mondäne Sommerfrische. Einen gotischen Freskenschatz birgt die im 14./15. Jh. erbaute Kirche **S. Maria della Misericordia**. Der rund 300 m lange Sandstrand des **Bagno pubblico** lädt mit schattigen Pappeln, Liegewiesen und Aktivitätsangeboten zum erholsamen Badegenuss (Via Fenaro). Größer und komfortabler mit Liegen, Sonnenschirmen und einer Lounge ausgestattet ist der **Lido di Ascona** (Via Lido 81). Am Abend genießt man in der **Beach Lounge** am Lido

*„Sie ist wunderbar schön, und vom Alpinen bis ganz zum Südlichen ist alles da."*

Hermann Hesse über seine Wahlheimat Tessin

(Via Lido, Tel. 091 7 91 40 60, beachascona.ch) exotische Snacks und Drinks in entspannter Atmosphäre mit Blick auf den See.

### RESTAURANT & UNTERKUNFT

Viel Krimskrams dekoriert den Gastraum; die Küche der €€€ **Osteria Nostrana** ist gut und bodenständig mit Pizza aus dem Holzofen (Piazza Giuseppe Motta, Tel. 091 7 91 51 58, www.osteria-nostrana.ch). In einem originalen Bauhaus-Hotel mit klaren Linien und Zimmern verschiedener Kategorien wohnen Sie im €€€ **Monte Verità** auf dem gleichnamigen Hügel (Tel. 091 7 85 40 40, www.monteverita.org). Das €€€ **Hotel Pironi** liegt im Nachbarort Cannobio im Herzen der historischen Altstadt und ist ein vorbildlich renoviertes ehemaliges Franziskanerkloster aus dem 15. Jh. Im Hotelrestaurant €€€ **Vizi e Sfizi** sorgt ein kreativer Küchenchef für exzellente Kreationen auf der Basis traditioneller Rezepte (Via Marconi 35, Cannobio, Tel. 0323 7 06 24, www.pironihotel.it).

### UMGEBUNG

Spurensuche um Ascona: **Monte Verità**, **Tegna** und **Berzona** sind Pilgerorte für Literaturfans (siehe DuMont-Thema S. 32). Pflanzenfreunden sei ein Ausflug zum **Botanischen Garten** auf der Isola Grande der **Isole di Brissago** empfohlen. Artenvielfalt und leuchtend bunte Blütenpracht den ganzen Sommer über sind einer Baroness zu danken, die 1885 die Inseln kaufte und die Gärten anlegen ließ (www.isolebrissago.ch, März–Okt. tgl. 9.00–18.00 Uhr, Schiffsverbindungen unter www.navlaghi.it). Eine Zeitreise ins Mittelalter verspricht 15 km südl. der Besuch in **Cannobio**. Der 5000-Seelen-Ort hat eine hübsche, von pastellfarbenen Häusern mit tiefen Laubengängen gesäumte Uferpromenade. Kopfsteinpflastergassen führen durchs kleine Ortszentrum, vorbei an Boutiquen, Souvenirläden und ehrwürdigen Palazzi, deren Gärten sich hinter Lorbeerhecken verstecken. Ein Kontrastprogramm zum quirligen Lago Maggiore verspricht 45 km südwestl. der **Lago di Mergozzo**: Der kleine See zählt zu den saubersten Gewässern Italiens. Der gleichnamige Ort am Nordufer wirkt mit seinen übereinander gestaffelten alten Häusern überaus malerisch. Eine Spezialität sollten Sie unbedingt probieren: Die *fugascina* wird traditionell zum Patronatstag der hl. Elisabeth (2. Juli) zubereitet; in der „Caffetteria la Fugascina" bekommen Sie das angenehm aromatisch nach Marsala und Zitrone schmeckende Gebäck das ganze Jahr über (Via Frattini, www.fugascina.it).

### INFORMATION

Assessorato al Turismo, Corso Zanitello 6, Verbania, www.verbania-turismo.it
Pro Cannobio, Via A. Giovanola 25, Cannobio, www.procannobio.it

### ③ Borromäische Inseln

Die **Borromäischen Inseln** TOPZIEL, vier Inseln im Golf von Verbania, gehören seit dem 12. Jh. zum Besitz der Adelsfamilie Borromeo, die hier am See und in Milano großen politischen und wirtschaftlichen Einfluss hatte und teils noch hat. Isola Bella und Isola S. Giovanni werden bis heute von Familienmitgliedern bewohnt.

### SEHENSWERT

Auf der **Isola Bella**, ursprünglich eine Felseninsel, ließ Carlo III. Borromeo im 17. Jh. einen Palast errichten. Aufgeschüttete Erde wurde zu Terrassen gefasst und mit einem herrlichen Barockgarten bepflanzt. Neben diesem fantasievoll mit Statuen, Putten und Vasen geschmückten Garten besichtigen Besucher einige Räume des Palazzo und eine üppig mit Muscheln dekorierte Grotte. Im Gegensatz zur barocken Geometrie der Terrassen steht die englische Parkanlage auf der **Isola Madre**: Lange wurden auf ihr Getreide und Oliven angebaut, bis die Borromeo-Familie im 19. Jh. namhafte Gartenarchitekten berief und die Insel umgestalten ließ. Wie auf der Isola Bella begeistert auch hier die Vielfalt an Bäumen und Pflanzen, vor allem zur Blütezeit die Kamelienallee (www.isoleborromee.it, Ende März–Mitte Okt., tgl. 9.00–17.30 Uhr). Die **Isola dei Pescatori** gehört nicht mehr zum Besitz der Borromeo-Familie; sie wurde mehr als 700 Jahre lang von Fischern bewohnt. Zwei parallel verlaufende, von alten Bürgerhäusern gesäumte Gassen erschließen das längliche Eiland. Mit zahllosen Souvenirgeschäften, Cafés und Restaurants ist sie heute vor allem ein beliebtes Shopping-Ziel am See (Abfahrt der Schiffe von Stresa oder Baveno, Fahrzeiten auf www.navlaghi.it).

### RESTAURANT & UNTERKUNFT

Unter den Restaurants auf der Isola dei Pescatori ist das des €€ **Hotels Belvedere** besonders zu empfehlen, denn es pflegt trotz des Rummels eine hohe kulinarische Tradition mit exzellenter Küche. Zudem sitzt man besonders abends angenehm mit Blick auf die beleuchtete Uferlinie gegenüber. Wer nicht mit dem Taxiboot zurückfahren möchte, kann in einem der hübsch eingerichteten Zimmer des Hotels übernachten (Ristorante Albergo Belvedere, Isola dei Pescatori, Stresa, Tel. 0323 3 22 92, www.belvedere-isolapescatori.it).

### ④ Stresa

Stresas Uferpromenade entführt in eine Ära, in der die bunten Uniformen des Habsburger Vielvölkerreiches sowie Korsagen und Seidenschirmchen das modische Geschehen in dem damals überaus mondänen Ferienort prägten.

Viele der früheren Villen und Hotels sind restauriert und wirken, als sei die k.u.k.-Zeit noch längst nicht vorbei. Stresa ist Ausgangspunkt für Schiffsausflüge auf die Borromäischen Inseln, die in zeitloser Schönheit vor dem Hafen dümpeln. Im Schutz des 1491 m hohen Monte Mottarone ist das Klima überaus mild, was die Blütenpracht überreich bestätigt. Die Altstadt mit ihren Restaurants und Geschäften lohnt einen ausgiebigen Bummel.

### RESTAURANT & UNTERKUNFT

Italienische Hausmannskost und krosse Pizzen serviert die €€ **Osteria degli Amici** (Via Bolongaro 33, Stresa, Tel. 0323 3 04 53). Abends kann es im originellen €€€ **La Botte** richtig hektisch werden: Dann ist jeder Tisch besetzt, und der Chef läuft zur Hochform auf. Das Essen mundet stets hervorragend (Via Mazzini 6/8, Stresa, Tel. 0323 3 04 62). Wie vor 150 Jahren umfängt das €€€ **Hotel Bristol** seine Gäste mit Luxus, Prunk und viel Nostalgie. Angenehm sind die geräumigen Zimmer und das üppige Frühstücksbüffet (Corso Umberto I 73, Stresa, Tel. 0323 3 26 01, bristol. zaccherahotels.com).

### UMGEBUNG

Auf Stresas Hausberg **Monte Mottarone** führen eine kurvenreiche Straße und eine Seilbahn. Bereits im Jahr 1911 tuckerte eine Zahnradbahn den Berg hinauf. Den rund 20-minütigen Weg von der Bergstation zum Gipfel belohnt ein

Tipp

## Farbenpracht

......................................

Die **Villa Taranto** hat die schönsten Gartenanlagen am Lago Maggiore. Deren Vielfalt reicht vom englischen Landschaftsgarten voller exotischer Baumriesen über barocke Terrassengärten, in denen Rosen zwischen Fontänen blühen, bis zu einem Rhododendronwald. Und zur Dahlienblüte im Sommer explodieren die Farben! Zu verdanken ist die Pracht dem Schotten Neil McEacharnd, der das Gelände 1931 erwarb und in ein blühendes Paradies verwandelte.

**VILLA TARANTO**
Verbania Pallanza, Tel. 0323 55 66 67, März–Sept. tgl. 8.30–18.30, Okt./Nov. 9.00–16.00 Uhr, www.villataranto.it

## Erbe der Welt

**Tipp**

Per Schiff, Lift oder über einen steilen Treppenweg gelangen Besucher von Reno hinunter zur **Wallfahrtskirche S. Caterina del Sasso**, die einige Meter über dem zur Lombardei gehörenden Ostufer des Lago Maggiore förmlich an einer Felswand klebt. Aus einer Einsiedelei entwickelte sich im 14./15. Jh. ein Kloster, dessen Kirche den Leichnam des Einsiedlers, Beato Alberto, bewahrt. Eindrucksvolle Renaissancefresken schmücken das zum UNESCO-Welterbe zählende Gotteshaus.

**INFORMATIONEN**
www.santacaterinadelsasso.it

grandioses Panorama auf Lago Maggiore und Lago di Orta (www.stresa-mottarone.com).

**INFORMATION**
Ufficio Turistico, Piazza Marconi 16, Stresa, www.stresaturismo.it

## ❺ Lago di Orta

Wie seine größeren Brüder sehr lang und schmal geformt, schmiegt sich der westliche Abschluss der oberitalienischen Seenkette zwischen den 1491 m hohen Monte Mottarone im Osten und die Valsesia-Berge im Westen.

**SEHENSWERT**
Steil führen die Gassen des Hauptortes **Orta S. Giulio** von der Anhöhe hinunter zur Seepromenade mit ihren Restaurants und Boutiquen. Von Orta aus starten die Ausflugsschiffe zur **Isola S. Giulio**, die ab dem 4. Jh. besiedelt wurde. Das erste Gotteshaus bildet den Kern der heute im gotisch-barocken Stilmix erscheinenden **Basilica S. Giulio**, deren Campanile die Insel überragt. Den **Sacro Monte** östlich des Ortes krönt ein im 16. Jh. errichtetes Franziskanerkloster, und der hl. Franz von Assisi ist auch Thema der Kreuzwegstationen (1591 bis 1788). Mit anderen Sacri Monti zählt der Wallfahrtsberg zum UNESCO-Welterbe.

**RESTAURANT & UNTERKUNFT**
Die €€€€ **Villa Crespi** ist allein schon wegen ihrer Lage in einem Park am See erste Wahl. Historisch eingerichtete Zimmer und perfekter Service steigern das Vergnügen (Via G. Fava, 18, Tel 0322 911902, www.villacrespi.it). Sowohl der Seeblick als auch das Essen lohnen einen Besuch im €€€ **Venus** (Piazza Motta 50, Tel. 0322 9 03 62, www.venusorta.it).

**INFORMATION**
Ufficio Informazione Turistica, Via Panoramica 1, Orta S. Giulio, www.comune.ortasangiulio.no.it

Genießen  Erleben  Erfahren

**DuMont Aktiv**

# Auf den Spuren von James Bond

**Es ist die Eröffnungsszene** im James-Bond-Film „GoldenEye": Der Geheimagent im Dienste seiner Majestät fliegt an einem Seil 220 m in die Tiefe. Wäre das nicht auch etwas für Sie? Dann los: Der Originalschauplatz, die Verzasca-Staumauer, erwartet Sie!

**Das beschauliche Verzascatal**, Schauplatz dieses in die Filmgeschichte eingegangenen Stunts, wirkt eher idyllisch, als dass es an die Verschwörung finsterer Mächte denken lässt. Die legendäre Mauer staut das Flüsschen Verzasca zu einem See auf, der verheißungsvoll in der Herbstsonne glitzert und den Bungee-Springern, die es Bond gleichtun möchten, signalisiert: Trau dich! Natürlich gehört einiger Mut dazu, sich auf dieses adrenalinlastige Abenteuer einzulassen. Man fragt sich nämlich beim Zusehen unwillkürlich, ob die Springer nicht unglücklich gegen die Betonwand fallen könnten. Aber das, so versichern die Betreiber, ist unmöglich.

**Beim Briefing vor dem Sprung** passt der Jump-Master Gurte und Geschirr an und gibt Verhaltensregeln. Dann bleiben drei Minuten Zeit, den Sprung zu wagen. Sieben Sekunden lang rast der Springer in freiem Fall und meist ekstatisch schreiend in die Tiefe, hinter sich den Damm, vor sich die Felsen des Talschlusses, dann stoppt ihn federnd das elastische Seil. Der Weg nach oben ist naturgemäß länger – rund fünf Minuten dauert das Heraufziehen. Am Ende ist man immerhin mutiger gewesen als Pierce Brosnan, dessen Bond-Debüt 1995 eben jener „GoldenEye"-Film war: Er ließ sich doubeln.

**Weitere Informationen**

Der Contra- oder Verzasca-Stausee Lago di Vogorno befindet sich am Eingang zum Verzascatal. Die **Bungee-Sprunganlage** wird vom **Trekking Outdoor-Team** betrieben; der Sprung gilt als zweithöchster der Welt. Voraussetzungen sind ein Gewicht zwischen 45 und 110 kg, ein guter Gesundheitszustand und bei Jugendlichen die Unterschrift der Eltern. Der Basissprung kostet 255 CHF (Erw.) bzw. 195 CHF (Jugendl., Studenten, Schüler).

Zu buchen bei Trekking Team AG, Casa Rosina, 6652 Tegna, Tel. 091 7 80 78 00, www.trekking.ch.

# Aufbruch und Verfall

Modemekka, Kunstmetropole und erfolgreicher Expo-Gastgeber – die heimliche Hauptstadt Italiens kann richtig stolz auf sich sein. Zumal sie mit Leonardo da Vincis „Abendmahl" ein Weltkulturerbe und mit dem Dom einen weiteren Kunstschatz von Weltrang zu bewahren hat. Doch Mailand hat zwei Gesichter: Abseits des eleganten Zentrums bröckeln viele Fassaden, und die langbeinigen Models müssen aufpassen, mit ihren Stilettos nicht in einem der vielen Schlaglöcher hängen zu bleiben.

Adrett hergerichtet für die Mode- und Künstlerszene:
Mailands In-Viertel Brera am Naviglio Grande.

Rund 40 000 Menschen haben im Mailänder Dom
Platz, mehr als 3000 Statuen zieren das Bauwerk,
und allein die Glasfenster bedecken eine Fläche von
1700 Quadratmetern. Wahrzeichen der Stadt ist
die Madonnina, die goldene Muttergottes auf dem
Dach. Sie ist über vier Meter hoch und wiegt mehrere Tonnen.

Blick von der begehbaren, herrliche Panoramablicke bietenden Dachterrasse des Sakralbaus auf die Piazza del Duomo.

**Die weite Piazza del Duomo scheint wie geschaffen als Kulisse für den marmornen Dom.**

Was für ein Gedränge. Geschäftsleute eilen an Touristen vorbei, Freundinnen auf Shoppingtour queren die Piazza Duomo oder sitzen in den Cafés, um sich mit ihren Smartphones zu unterhalten, während am Domportal die Besucher in langen Schlangen vor den Sicherheitskontrollen anstehen. Ab und zu ruft einer etwas über den Platz, schwenkt ein Reiseleiter sein Fähnchen, skaten Jugendliche über das glatt geschliffene Pflaster. Von all dem Rummel aber ist im Inneren des Gotteshauses nichts mehr wahrzunehmen. Hier herrscht ehrfürchtige Stille, nur an einem Seitenaltar betet ein Priester mit einer kleinen Schar von Gläubigen. Andächtiges Staunen erfüllt das Kirchenschiff angesichts der hier versammelten Kunstschätze und der majestätischen Schönheit des Baus, dem die bunten Glasfenster des Chorschlusses ein magisch anmutendes Leuchten verleihen.

### Politische und andere Baustellen

Abseits des unmittelbaren Zentrums mit dem boutiquengespickten Goldenen Viereck Quadrilatero d'Oro und dem futuristischen Neubauviertel Porta Nuova ähnelt Mailand mit seinen bröckelnden klassizistischen Hausfassaden und den aus uraltem Pflaster brechenden Platanenwur-

zeln eher einer grauen osteuropäischen Hauptstadt kurz nach dem Fall des Eisernen Vorhangs. Eine Stadt allerdings, durch die höchst modebewusst gekleidete, höchst schlanke Menschen auf höchst gefährlich anmutenden High Heels trippeln, die Prada-Clutch fest unter die Achsel geklemmt.

### Kulturelle Identität versus Geldvermehrung

Verantwortlich für den vielerorts sichtbaren Verfall sind die langen Jahre unter Forza Italia und Lega Nord, die sich wenig um Mailands kulturelle Identität scherten, sondern lieber auf Geldvermehrung setzten. Die Linke wolle aus Milano eine islamische Stadt voller Zigeuner machen, drohte einst Silvio Berlusconi, doch auch mit solchen Verleumdungen konnte er seiner Forza Italia die Macht nicht retten. Die Kontraste sind ebenso auffällig wie verstörend: Hier die florierende Geldwelt Milanos, ganz gleich ob Finanzwesen, IT-Branche oder Mode, dort das offensichtliche Desinteresse der Politiker an dieser Stadt. Natürlich gilt das nicht für touristische Highlights wie die berühmte Galleria Vittorio Emanuele II, diese schöne Einkaufspassage, mit deren Eleganz nicht einmal die darin angesiedelten hochkarätigen Geschäfte mithalten können. Oder

Die Galleria Vittorio Emanuele II ist das weltliche (und kommerzielle) Zentrum der Stadt.

Fashion

# Mailand macht Mode(n)

Erschöpft ziehen die Fachbesucher der *Milano Moda Donna*, der Mailänder Modewoche, ihre Trollies vom Hotel in Richtung Taxistand. Fahle Gesichtsfarbe und tiefe Augenringe bezeugen eine so arbeitsreiche wie schlafarme Woche.

What's next?

Woran man in Mailand merkt, dass Modewoche ist? An den vielen hübschen, extrem dünnen Mädchen und Jungen, die in Cafés am stillen Wasser nippen, beispielsweise. Oder daran, dass Cola Zero in der ganzen Stadt ausverkauft ist. Selbst in einer so modebewussten Metropole wie Milano bedeutet die Zeit während der Messe einen Ausnahmezustand. Die Hotels sind völlig ausgebucht, die Restaurants voll, und die Hektik der von Show zu Show hastenden Einkäufer ist überall in der Stadt zu spüren.

Erst in den 1970er-Jahren gewann die Mailänder Modewoche, parallel zum Aufstieg italienischer Designer wie Armani, Versace oder Byblos, an Bedeutung. Heute ist dies die einzige Stadt, die gleich vier Messen, jeweils zwei für Damen- *(Moda Donna)* und Herrenmode *(Moda Uomo)* im Früh-

jahr und Herbst veranstaltet. Die meisten Shows sind dem Fachpublikum vorbehalten, doch im Rahmenprogramm finden stets auch öffentliche Präsentationen statt.

Entdeckungen lassen sich in den Ateliers des ehemaligen Industrieviertels Zona Tortona hinter dem Bahnhof Porta Genova machen; mit ein bisschen Glück gerät man hier auch ohne Einladung in eine Präsentation.

*Termine: www.cameramoda.it*

für die Piazza Duomo, an der die Dombauhütte unermüdlich mit der Restaurierung des Doms beschäftigt ist; für das imposante Castello Sforzesco, in dem die wechselnden Herren Mailands stets in nobler Distanz zu ihrer Stadt residierten. Oder für das In-Viertel Brera am Naviglio Grande, in dem alles adrett hergerichtet ist für die Mode- und Künstlerszene, die sich hier, kenntlich an Galerien, Lokalen und Läden, pudelwohl fühlt.

Was jedoch vernachlässigt wird, ist das alte, schöne, nur leider nicht mit spektakulären Attraktionen gesegnete Mailand am Largo Cairoli beispielsweise oder entlang des Foro Buonaparte. Deshalb kritisierte der italienische Philosoph Mauro Ceruti, dass die Stadt zwar ökonomisch und politisch zweifellos zur Avantgarde gehöre, aber nicht imstande sei, eine eigene Kultur zu schaffen.

Dabei kann niemand behaupten, dass in Mailand nicht investiert und gebaut würde. Alleine für die Expo 2015 entstanden monumental dimensionierte Bauprojekte. Im City Life Park auf dem alten Messegelände der Fiera Milano errichteten die Stararchitekten Arata Isozaki, Zaha Hadid und Daniel Libeskind drei Hochhäuser, die die Skyline der Stadt dominieren und damit unwiderruflich verändern. Rund 20 Milliarden Euro flossen für die Expo in die Stadt und ihre Infrastruktur. Dass in diesem Zusammenhang auch die Geldwaschanlagen der Mafia auf Hochtouren liefen, gilt als ausgemacht.

## Kanäle als Lebensadern

Zur zentralen touristischen Attraktion des neuen Post-Expo-Milano hat die Stadtverwaltung die *navigli* ausgerufen – jene Kanäle, welche die Stadt einst mit den westlich und östlich aus den Alpen nach Süden strebenden Flüssen Ticino und Adda und somit mit dem Meer verbanden. Naviglio Grande (West) und Naviglio Martesana (Ost) schlossen mit weiteren kleineren Wasserstraßen Mailand an den Schiffsverkehr zwischen Alpen und Adria an – die Pläne dafür zeichnete übrigens unter anderem Leonardo da Vinci, der sich in Mailand keineswegs nur der

Der Maestro (Roberto Cavalli mit seiner Frau Eva, links) und seine Models.

Der in den Jahren 1177 bis 1257 angelegte, über 50 km lange Naviglio Grande ist der älteste Kanal der Stadt. Er bezieht sein Wasser aus dem Tessin.

Ein Aperitif in einer der Bars in der Galleria Vittorio Emanuele II ist genau das Richtige zur Einstimmung auf den bevorstehenden Streifzug durch das Mailänder Nachtleben.

Entlang der Mailand wie ein Netz durchziehenden künstlichen Wasserstraßen (hier am Naviglio Grande)
entwickelte sich eine lebendige Kneipenszene, in der vor allem abends viel Betrieb herrscht.

# Mailand ist eine Stadt mit allen Reizen einer Großstadt und der intimen Atmosphäre einer Kleinstadt.

Gregor von Rezzori

Das ehemalige Refektorium des Dominikanerklosters Santa Maria delle Grazie birgt
das weltberühmte „Abendmahl"-Fresko von Leonardo da Vinci.

Das Castello Sforzesco diente im 14. und 15. Jahrhundert den Visconti und Sforza als
Residenz – heute werden hier die Städtischen Kunstsammlungen präsentiert.

Der dreischiffige Innenraum ist der älteste Teil der in ihrer heutigen Form zwischen dem 12. und 14. Jahrhundert errichteten Kirche Sant'Ambrogio.

schönen Kunst seines später weltberühmten „Abendmahls" widmete.

Als die Taglöhner um 1177 den ersten Stichkanal vom Tessin in Richtung Milano gruben, ging es vorrangig um die Bewässerung des Umlands, denn die Stadt in der Poebene besaß, so erstaunlich es klingt, keine Wasserader. Alle bedeutenden Metropolen Oberitaliens entstanden an Flüssen – Mailand nicht. *Ticinello*, kleiner Ticino, hieß das erste Kanälchen, das (1223 verlängert) 1257 Mailands Stadtrand erreichte. Der Kanal zog sofort viel Leben an; Bauern ließen sich nieder, Handwerker eröffneten Werkstätten, und dank der transportierten Waren belebte sich der Handel. 1395 stieß der Kanal, nun bereits Naviglio Grande genannt, an den Platz mit der Dombaustelle. Der Ruf der Navigli reichte weit über die Grenzen des Stadtstaates hinaus – bis nach England: Shakespeares Prospero wird im „Sturm" von seinem siegreichen Bruder Antonio per Schiff aus Mailand in die Verbannung geschickt – auf den Navigli. Noch in den 1960er-Jahren war Mailands Binnenhafen der größte Italiens.

### Das grüne Band der Stadt

Im 19. Jahrhundert wurden die Wasserwege und der Binnenhafen im Herzen Mailands überflüssig; Zug und Auto ersetzten das Frachtschiff. Mussolini ließ die Kanäle überdecken und zuzementieren. Nur ein kleines Stück des Naviglio Grande blieb erhalten. Alternative und Künstler entdeckten die Navigli ab den 1980er-Jahren und zogen mit Galerien, Kneipen und Läden in die alten Häuser und Lagerhallen. Heute zählen der Naviglio Grande und die umliegenden Gassen zu den Mailänder Hotspots. Nun will man die alten Kanäle wieder ans Tageslicht holen und den Binnenhafen in eine

## Leonardo da Vinci widmete sich in Mailand nicht nur der Kunst.

schicke Parkanlage integrieren. 125 Kilometer Fuß- und Radwege sollen auf diese Weise die Stadt im Westen und Norden entlang der wiederentdeckten Wasserstraßen wie ein grünes Band einrahmen.

### Mailands neue Paten

Soweit, dass auch der Stichkanal zum Domplatz wieder geöffnet würde, geht die Begeisterung für die künstlichen Wasserstraßen aber nicht. Lastkähne brachten auf ihm einst mehr als 150 000 Marmorblöcke in die Stadt – von den Steinbrüchen am Lago Maggiore bis hierher; die

Via Laghetto, die Teichstraße hinter dem Dom, erinnert bis heute daran. Von der Grundsteinlegung 1386 bis ins 19. Jahrhundert dauerte es bis zur Vollendung des Doms. Fertig ist er im Grunde immer noch nicht – und die 1387 gegründete Dombauhütte Veneranda Fabbrica mit der Restaurierung und Sicherung des Bauwerkes weiterhin gut beschäftigt. Zurzeit stehen die *guglie*, die Fialen, im Fokus: Für diese 135 gotischen Spitztürmchen an Fassade und Dach sowie weitere projektierte Arbeiten benötigt die Fabbrica 20 Millionen Euro. Die Lösung in Zeiten klammer Kulturkassen orientiert sich an der seit Jahrhunderten üblichen Praxis: der Akquisition von Stiftern und Förderern. Im Falle des Doms heißt die Lösung: *Adotta una Guglia*. Mit einer entsprechend hohen Spende kann Mailands Geldadel zum Paten eines Türmchens werden und seinen Namen in die gewünschte Fiale gravieren lassen. Für Peanuts ist das natürlich nicht zu haben: 100 000 Euro sollten es schon sein.

Erholung vom durchaus kräftezehrenden Shopping-
bummel findet man (bzw. frau) etwa in der Bar Camparino (unten) in der Galleria Vittorio Emanuele II.
Gut, wer dafür noch ein paar Euro übrig hat – zu ver-
führerisch ist das Angebot der namhaftesten italienischen Modedesigner im „goldenen Viereck" *(Quadrilatero d'Oro)* – in den kleinen Seitenstraßen zwischen Via Montenapoleone, Via Sant' Andrea, Via
della Spiga und Via Borgonuovo (übrige Abbildungen).

Auch die Bars und Cafés entlang der vielen Mailänder Kanäle laden zu einem gemütlichen Zwischenstopp auf der Shoppingtour ein.

Ohne Stifter gäbe es auch Leonardo da Vincis „Abendmahl" nicht. Eine weitere Parallele zum Dom: Seit Leonardo das neun mal vier Meter große Meisterwerk auf die Wand im Speisesaal des Dominikanerklosters malte, musste es ununterbrochen restauriert und ausgebessert werden. Der Künstler war nämlich so sehr mit künstlerischen Fragen beschäftigt – mit der Perspektive, mit den Vorbildern für die Apostelköpfe, mit der angestrebten „Bewegtheit" der Szenerie –, dass er aus handwerklicher Sicht einen Fehler beging: Statt die damals übliche *al-fresco*-Technik anzuwenden, bei der sehr schnell auf feuchten Putz gemalt werden muss, entschied er sich für Temperafarben, die er auf Gips auftrug (und die ihn zu keinen unüberlegten Pinselstrichen drängten).

## Sisyphos im Kloster

Es dauerte fast vier Jahre, von 1494 bis 1498, bis er das vollendete Abendmahl seinem Auftraggeber und Mäzen Ludovico Sforza übergeben konnte. Und schon da waren die ersten Schäden sichtbar. Die Klostermauer war feucht, der Gips bildete Risse; Schimmelpilze und viele andere Probleme kamen dazu. Fünf große Restaurierungsversuche aus dem 18. und 19. Jahrhundert sind verbürgt. Schon zuvor war an dem Gemälde herumgepfuscht worden. Als im Jahr 1980 die Restauratorin Pinin Brambilla die Aufgabe übernahm, das Bild zu retten, erinnerte kaum noch etwas an das Original. Mit Pinzetten trug das Restauratorenteam Schicht für Schicht ab, entfernte Kleber und Öl, begutachtete durch Lupen winzige Details. Nach 20 Jahren Arbeit erstrahlte ein „Abendmahl" an der Refektoriumswand, dessen leuchtende Farben nichts gemein hatten mit dem sonst eher düsteren Alterswerk Leonardo da Vincis – und doch soll das Original so ausgesehen haben. Damit es auch so leuchtend bleibt, halten nun drei Schleusen Staub und Schmutz fern. Mit der feuchten Atemluft seiner Bewunderer aber muss das „Abendmahl" weiterhin leben.

Die quirligsten Märkte

# Kunterbunte Vielfalt für alle Sinne

Irgendwo ist immer Wochenmarkt. Doch nicht jeder *mercato* lohnt einen Besuch oder gar einen Umweg, denn manchmal finden auch nur ein paar Billigwarenhändler auf der Piazza zusammen. Auf welchen Märkten wir am liebsten vorbeischauen und stöbern, verraten wir Ihnen hier.

## 2 Antiquitätenmarkt mit Venedig-Flair

Als im Jahr 1986 einige Künstler auf die Idee kamen, ihre Werke entlang des Naviglio Grande, Mailands historischem Kanal, zum Verkauf anzubieten, war die Gegend noch ziemlich heruntergekommen. Heute ist der von Kanälen durchzogene Stadtteil das In-Viertel für Kreative, und die spontane Kunstausstellung hat sich zu einem der bekanntesten Antiquitätenmärkte Italiens gemausert. Jeden letzten Sonntag im Monat bauen rund 400 Verkäufer ihre Tische entlang des Großen Kanals auf und hoffen auf gute Geschäfte – vom Antiquar mit kostbaren Büchern bis zum Mütterchen, das ein paar Porzellantassen vor sich hinstellt, von der Fashionista, die ihre Vintage-Klamotten loswerden möchte, bis zum Händler, der sich auf Art déco spezialisiert hat. Zwei Kilometer ist diese Verkaufsausstellung lang: Wer hier nicht fündig wird, der wollte wohl gar nichts kaufen.

Mercatore Antiquario degli Navigli, Mailand, letzter Sonntag im Monat von 8.30 bis 18.30 Uhr

## 1 Bauern und fahrende Händler am Gardasee

An Gardas Lungolago Regina Adelaide ist dank der vielen Straßencafés schon an normalen Tagen kaum ein Durchkommen. Wenn aber Freitag am frühen Morgen fahrende Händler und Bauern ihre Stände für den Wochenmarkt aufbauen, bricht der Verkehr regelmäßig zusammen. Deshalb unser Rat: Parken Sie besser außerhalb und nehmen Sie sich möglichst viel Zeit! Denn allein schon das höchst verlockend dargebotene Angebot der Obst- und Gemüseverkäufer, deren Stände sich unter knackig frischen Orangen, Äpfeln, Trauben, Gurken, Tomaten und Salaten biegen, erfordert genaueste Prüfung. Einige Händler bieten ihr eigenes, mit Kräutern versetztes Olivenöl oder hausgemachte Schnäpse an. Nicht zu vergessen die Auslagen der *ambulanti*, an denen man vom Feuerzeug bis zum Topf, von Spitzendeckchen bis zu Pseudo-Pashmina-Schals so gut wie jeden Tand aus Fernost bekommt.

Wochenmarkt in Garda, jeden Freitagvormittag von 8.00 bis 13.00 Uhr

## 3 Das Beste aus dem Tessin

Haben Sie bei Ihrem Aufenthalt im Ticino *Prosciutto dell'Alpe Piora* verkostet? Wenn nicht, dann bietet sich auf dem Wochenmarkt von Mendrisio eine gute Gelegenheit dazu! Der feine Rohschinken, der auf der Alpe Piora – der größten Alp in Tessin – in 2000 Metern Höhe der Vollendung entgegenreift, ist eine köstliche Tessiner Spezialität – und nicht die einzige, die man auf diesem malerischen *mercato* in den Altstadtgassen entdecken kann. Auch die *Salame dei Castelli di Bellinzona* wartet auf Feinschmecker und Bewunderer – sie hängt in den historischen Kellern der Burg Montebello und verdankt diesem Prozess ihren besonders aromatischen Geschmack. Auch Besucher, denen der Sinn weder nach Schinken noch nach Salami steht, sondern nach anderen kulinarischen Genüssen, werden hier fündig: Pilzsammler bieten im Herbst handtellergroße *porcini* feil, und von den Sommeralmen kommen aromatische Käsesorten, die nach Bergwiesen duften.

Mendrisio, Wochenmarkt immer mittwochs von 8.00 bis 17.00 Uhr in der Altstadt

### 6 Markt in romantischer Kulisse

Ein Standplatz an Veronas Piazza delle Erbe – davon träumen viele Händler: weil sie hier um Kunden gar nicht erst werben müssen – die kommen ja alle freiwillig, um den Platz zu bewundern. Nach welchen Kriterien die Stände vergeben werden, erscheint von außen betrachtet allerdings etwas undurchsichtig zu sein. Ginge es um Ästhetik und Authentizität, dann hätte doch der Souvenirverkäufer mit den kitschigen Mini-Arenen und den bunten Selfie-Sticks hier gar nichts verloren. Oder sollen regionale Produkte vermarktet werden? Warum verkauft die resolute *piassarota*, wie die eine Händlerin hier genannt wird, dann Tomaten aus der Türkei? Andererseits macht doch genau dieses etwas ziellos wirkende Durcheinander vor der mittelalterlichen Kulisse der Piazza den Charme dieses Marktes aus. Das ist die *Italianità*, diese Lässigkeit, die uns Germanen fehlt. Und warum nicht am Liebsten zu Hause keine Made-in-China-Arena mitbringen? Immerhin stammt sie von einem der schönsten Plätze Italiens!

Mercato di Piazza delle Erbe, Verona, Mo.–Sa. von 7.30 bis 20.30 Uhr

### 4 Der berühmteste Markt am Lago Maggiore

„Jeden Mittwoch trafen sich die Bewohner der umliegenden Täler in bunten Trachten auf dem beliebtesten und malerischsten Markt am See" – dieser Beschreibung aus dem Jahre 1903 möchte man heute hinzufügen, dass es nicht nur die Einheimischen (und diese keineswegs in Tracht) sondern vor allem Händler aus aller Herren Länder (bevorzugt aber aus Vietnam, Pakistan und Tunesien) sind, die den berühmtesten Wochenmarkt des Lago Maggiore aufsuchen. Tatsächlich kostet es einige Mühe, deren Barriere aus Pseudo-Designerware zu überwinden, um ins Herz des Luineser Marktes vorzudringen; dort, wo immer noch Bauern ihre Produkte bewerben und Blumenfrauen inmitten einer berauschenden Blütenpracht ein Schwätzchen halten. Nicht abschrecken lassen von den Vuitton-Handtaschenriegeln und Chinesischen Mauern aus gefälschten Rolex! Dahinter wartet ein authentischerer Markt. Wobei – eine Dior-Clutch wäre doch auch nicht schlecht?

Luino, Lago Maggiore, Wochenmarkt, mittwochs von 9.00 bis 17.00 Uhr

### 5 Antikmarkt im kreativen Umfeld

Den Antikmarkt an jedem ersten Samstag im Monat mit mehr als 200 professionellen und Hobby-Händlern auf Veronas Piazza San Zeno gibt es schon lange, das aktuelle Konzept aber ist neu. Die Initiative Retrobottegalab will mit dem Markt nicht mehr nur wie bisher den Platz vor San Zeno bespielen sondern gleich das ganze Viertel einbeziehen. Jeden Sonntag stellen die Sozialaktivisten unter ein anderes Motto. Dieses nehmen Geschäfte, Cafés, Restaurants und Anwohner rund um die Piazza San Zeno auf und setzen es mit besonderen Aktionen um – seien das spezielle Drinks oder Menüs, Konzerte, Performances … So wirkt der Antikmarkt bis weit über seine Grenzen ins Leben des Stadtviertels hinein. Eine schöne Idee auch für Besucher, denn wer genug hat vom Schmökern in antiquarischen Büchern, vom Wühlen in Büchsen voller historischer Orden und vom Bewundern naiv-romantischer Stadtansichten, der findet rund um die Piazza jede Menge alternative Angebote.

Verona anticuaria, jeden ersten Sonntag im Monat rund um die Piazza San Zeno, von 8.00 bis 18.00 Uhr

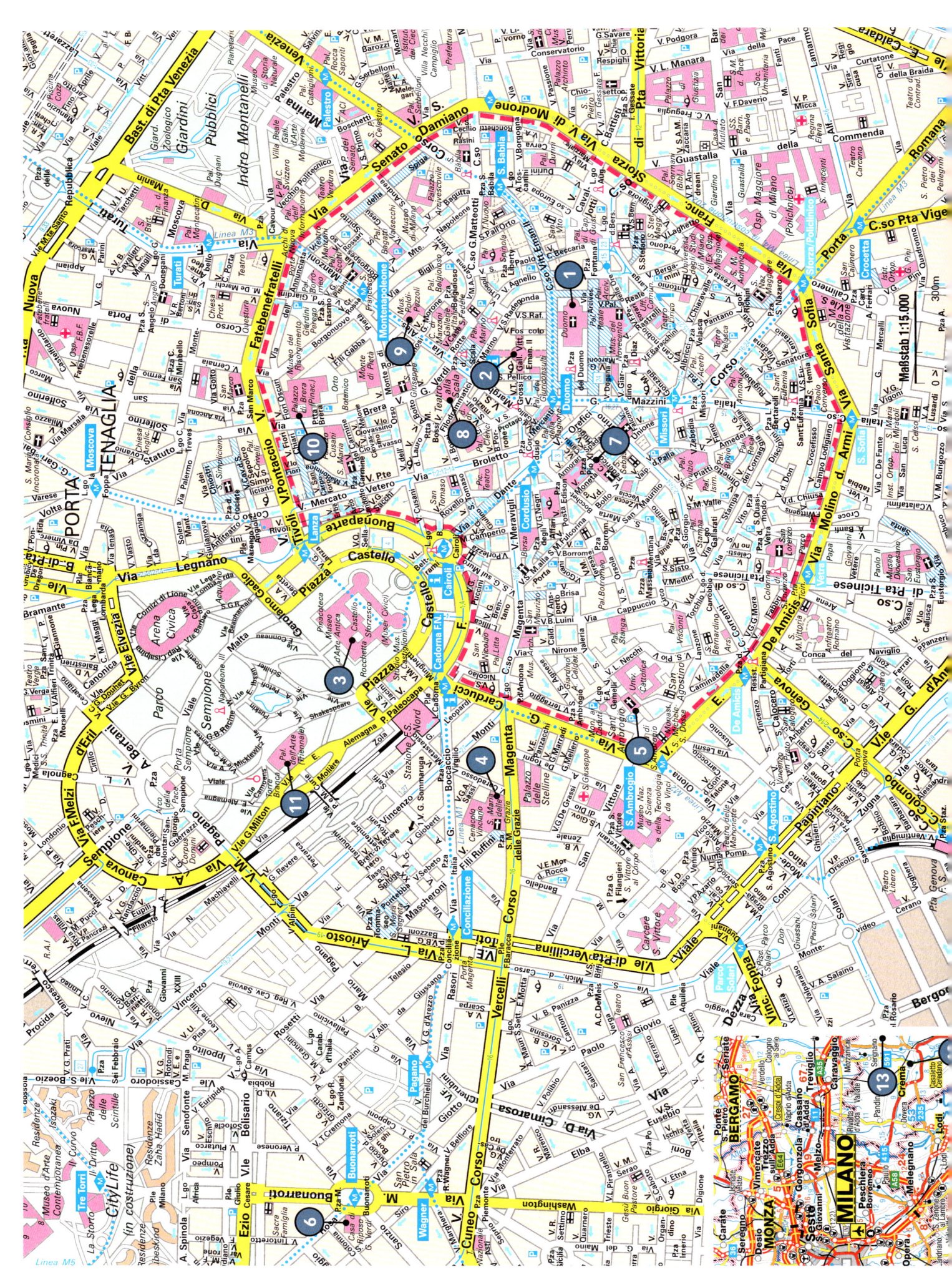

# Große Bühne(n)

*Die Hauptstadt (1,3 Mio. Ew.) der Lombardei ist die ökonomisch führende Metropole Italiens und als Sitz der Wertpapierbörse auch ein einflussreicher Finanzplatz. Die wirtschaftliche Dynamik überlagert die kulturhistorische Bedeutung Milanos, das mit seinen herausragenden Kunstschätzen zum Welterbe der UNESCO zählt.*

## ❶ – ⑬ Mailand

Die meisten Sehenswürdigkeiten Mailands sind innerhalb des dem Verlauf der einstigen Stadtmauer folgenden Stadtrings versammelt. Reizvoll ist auch das von namhaften Architekten gestaltete Expo-Gelände nordwestlich der Stadt.

### SEHENSWERT

Die Fassade des ab dem Jahr 1386 begonnenen ❶ **Duomo S. Maria Nascente** TOPZIEL, nach der Peterskirche in Rom das zweitgrößte Gotteshaus Italiens, schmücken über 150 Fialen und rund 3000 Statuen. Die ihr vorgelagerte Piazza bekam ihr heutiges Gesicht im ausgehenden 19. Jh. unter der Herrschaft der Habsburger. Das monumentale Innere des Doms wird von den aus dem 15. Jh. stammenden Glasfenstern des Chors in ein vielfarbiges Licht getaucht (Dom tgl. 8.00–19.00, Terrasse tgl. 9.00 bis 19.00, Battistero tgl. 9.00–18.00 Uhr, letzter Einlass jew. 1 Std. früher). Neben dem Hauptportal führen Treppen in das noch vom Vorgängerbau aus dem 4./5. Jh. erhaltene **Battistero Paleocristiano**. Ein Besuch der Terrazzi, der Dachterrassen des Sakralbaus, ist unbedingt zu empfehlen. An der Nordseite des Domplatzes führt ein Triumphbogen in die von Giuseppe Mengoni kreuzförmig angelegte ❷ **Galleria Vittorio Emanuele II**. Mittelpunkt der 1878 eingeweihten Einkaufspassage ist ein achteckiger Platz, über den sich in 47 m Höhe eine Kuppel wölbt – ein technisches Meisterwerk aus Glas und Metall. In der Galleria sind viele bedeutende Modedesigner mit Läden vertreten. Eine Rast in der **Bar Camparino** ist für jeden Campari-Liebhaber Pflicht, denn hier wurde der beliebte Aperitif ab 1915 vom Sohn des Erfinders persönlich ausgeschenkt, was die Bekanntheit des Aperitifs rasant steigerte. Der nördliche, dem Domplatz gegenüberliegende Ausgang der Galerie führt zur **Piazza della Scala** mit dem berühmten **Teatro alla Scala** (s. Tipp S. 54). Zwei mächtige Rundtürme flankieren das ❸ **Castello Sforzesco**. Um die Mitte des 15. Jh.s zerstörten die Sforza-Herzöge die alte, von den Visconti an dieser Stelle errichtete Residenz und gaben einen Neubau in Auftrag. Durch dessen Wahrzeichen, den Torturm Torre del Filarete, betritt man den Innenhof (tgl. 7.00–19.30 Uhr). Einige der von Künstlern wie Donato Bramante und Leonardo da Vinci ausgemalten Repräsentationsräume sind für Besu-

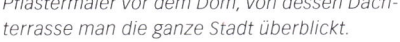

*Pflastermaler vor dem Dom, von dessen Dachterrasse man die ganze Stadt überblickt.*

cher im Rahmen der Museumsbesichtigung zugänglich. Der Besuch des Klosters ❹ **Santa Maria delle Grazie** TOPZIEL, in dessen ehemaligem Refektorium Leonardo da Vinci 1498 die Nordwand mit seiner berühmten Darstellung des Abendmahls schmückte, sollte vorab angemeldet werden (www.vivaticet.it) – wegen der empfindlichen Farben des Meisterwerks darf sich immer nur eine begrenzte Zahl Besucher darin aufhalten (Di.–So. 8.15–18.45 Uhr). Mailands Stadtpatron Ambrosius gründete gegen Ende des 4. Jh.s den Vorgängerbau der Kirche ❺ **S. Ambrogio**, in deren Krypta er seine letzte Ruhe fand. Das Gotteshaus wurde im 12. Jh. fast vollständig neu errichtet und präsentiert sich bis heute in unverfälschter lombardischer Romanik. Den Mittelpunkt des Innenraums bildet das auf antiken Säulen ruhende Ziborium über einem karolingischen Altar. Kostbar sind auch die Marmorkanzel sowie die aus dem 4. Jh. stammenden Mosaiken in der Grabkapelle S. Vittore. Das Altersheim ❻ **Casa di Riposo per Musicisti** gründete Giuseppe Verdi im Jahr 1899 als Stiftung für bedürftige Musiker und Sänger, die im Alter hier Unterkunft und Versorgung finden sollten. Eröffnet wurde es entsprechend Verdis Willen erst nach seinem Tod im Jahr 1901. In den Räu-

men ist heute eine kleine Ausstellung mit Möbeln und anderen Andenken an den Komponisten untergebracht. Zu besichtigen ist die Casa di Riposo per Musicisti nur nach Voranmeldung. Sehenswert ist auch die Krypta mit der Grabstätte des Komponisten (Piazza Buonarroti 29, Tel. 02 4 99 60 09, Krypta tgl. 8.30–18.00 Uhr, www.casaverdi.org).

### MUSEEN

Die Baugeschichte des Doms dokumentiert das ❶ **Grande Museo del Duomo**. Nach jahrelanger Renovierung präsentiert es seine Exponate in modernem Rahmen. Auch die Schatzkammer des Doms wird im Rahmen der neu konzipierten Ausstellung gezeigt (Do.–Di. 10.00 bis 18.00 Uhr, www.duomomilano.it). Die im 17. Jh. gegründete ❼ **Pinacoteca Ambrosiana** birgt Werke von Botticelli, Tizian, Caravaggio, von flämischen Malern und von Leonardo da Vinci. Dessen „Codex Atlanticus" enthüllt die ganze Genialität des Künstlers, der hier mathematische, astronomische Zeichnungen und Schriften neben technischen Skizzen versammelt hat. Als weiteres Highlight gilt Raffaels Vorstudie für sein vatikanisches Fresko „Schule von Athen" (Piazza Pio XI 2, Di.–So. 10.00–18.00 Uhr, www.ambrosiana.eu). Im ❽ **Museo Teatrale**

## In der Scala

An der Mailänder Scala feierte die wohl berühmteste Sopranistin der Operngeschichte, Maria Callas, ihre größten Erfolge, und hier huldigen ihr bis heute posthum ihre selbst ernannten „Witwer", die *Vedovi della Callas*. Aber sonst hat sich in der ehrwürdigen Scala viel verändert, und nicht selten erbebt das Publikum auf den roten Samtsitzen ob der Kühnheit der Inszenierung. Dennoch (oder gerade deswegen) sollten sich Opernfreunde eine Vorstellung in Giuseppe Verdis angestammtem Theater nicht entgehen lassen.

### TEATRO ALLA SCALA
Via Filodrammatici 2, Tel. 0 2 88 79 1, Tickets können zwei Monate im Voraus online erworben werden auf www.teatroallascala.org

**alla Scala** unternehmen Besucher eine anregende musikalische Reise durch die Welt der Oper und die Geschichte der Scala (Via Bernardino Ghiringhelli 1, tgl. 9.00–12.30, 13.30 bis 17.30 Uhr, www.teatroallascala.org). Eine gelungene Kombination aus bezauberndem Ambiente und kostbaren Kunstwerken verbirgt sich hinter den Mauern des Stadtpalastes des ❾ **Museo Poldi-Pezzoli**. Antike Möbel, Gemälde von Künstlern wie Mantegna oder Canaletto, Skulpturen, Bücher und eine erstaunliche Sammlung japanischer Schnitzfiguren (Netsuken) kommen in den historischen Räumen schön zur Geltung (Via Manzoni 12, Mi.–Mo. 10.00 bis 18.00 Uhr, www.museopoldipezzoli.it). Die Sammlung der ❿ **Pinacoteca di Brera** verdankt Mailand der Kaiserin Maria Theresia, die deren Einrichtung anregte. Ein Höhepunkt ist der 1480 entstandene „Cristo Morto" von Andrea Mantegna (Via Brera 28, Di.–So. 8.30–19.15 Uhr, www.brera.beniculturali.it). Für den Besuch der ❸ **Musei del Castello** sollte man sich viel Zeit nehmen, denn deren Ausstellungen umfassen alle nur erdenklichen Kunst- und Stilrichtungen und versammeln Werke von höchstem Rang. Allein das aus dem 14. Jh. stammende Grabmal des Bernabò Visconti, das eine elegante Reiterstatue des Verstorbenen krönt, ist

*Oben: auf dem Cimitero Monumentale, dem 1866 angelegten größten Friedhof der Stadt. Rechts oben: Verdi-Krypta in der Casa di Riposo per Musicisti. Darunter: Leonardo da Vincis „Abendmahl" in Santa Maria delle Grazie.*

unbedingt sehenswert. Mit der „Pietà Rondanini" besitzt das Museum zudem das letzte, unvollendet gebliebene Werk Michelangelos (Di.–So. 9.00–17.30 Uhr). Das ⓫ **Triennale Design Museum** bietet zeitgenössisches italienisches Design und moderne Kunst im Parco Sempione, dazu gibt es ein hübsches Terrassencafé, naheliegenderweise mit Designerstücken möbliert (Via Alemagna 6, Di.–So. 10.30 bis 20.30, www. triennale.org).

### VERANSTALTUNG
Höhepunkte des Messejahres sind die im Frühjahr und Herbst stattfindenden Modewochen **Milano Moda Donna** (Damenmode) und **Milano Moda Uomo** (Herrenmode). Ebenfalls im Frühjahr, meist im April, eröffnet die weltgrößte Designmesse **Salone Internazionale del Mobile** ihre Pforten (www.fieramilano.it). Im religiösen Leben der Stadt spielt der **Festtag des S. Ambrogio** am 7. Dezember eine herausragende Rolle. Rund um seine Kirche drängen sich die Milanesen auf einem Jahrmarkt; traditionell beginnt an diesem Tag auch die neue Opernsaison in der Scala. Freunde der Formel 1 freuen sich Mitte September auf den **Großen Preis von Italien** im benachbarten Monza.

### SHOPPING
Einen Besuch lohnt das **Quadrilatero d'Oro** genannte Quartier, in dem alle italienischen Modedesigner von Rang und Namen versammelt sind: Das „Goldene Viereck" erstreckt sich von der Via Manzoni bis zur V. S. Andrea und wird durch die Vie Montenapoleone und della Spiga begrenzt. Auch das Edelkaufhaus Rinascente (Piazza Duomo 3) bietet ästhetisches Vergnügen und Einkaufserlebnis zugleich. Tipp: Von der Feinkostabteilung im obersten Stock blickt man aus unmittelbarer Nähe auf den Dom und seine Terrassen. Kunst und Antiquitäten gibt es am Naviglio Grande zu sehen und zu kaufen: **Arte sul Naviglio** versammelt Künstler Mitte Mai am Kanal und in den umliegenden Galerien; jeden letzten Sonntag im Monat (außer Juli) stöbern Besucher beim **Il Mercatone dell'Antiquariato** nach schönen alten Stücken (www.navigliogrande.mi.it).

### RESTAURANT
Am Naviglio Grande pflegt die €€€ **Trattoria Ponte Rosso** die Kunst so einfacher wie feiner

Küche. Als Nachtisch ist das Schokosoufflée mit Erdbeereis ein wahres Gedicht (Ripa di Porta Ticinese 23, Tel. 02 8 37 31 32, www.trattoria ponterosso.it). Elaborierte Gerichte zu entsprechenden Preisen sind im €€€€ **Ratanà** zu verkosten. Die Köche beherrschen die klassischen milanesischen Rezepte perfekt (Via de Castilla 28, Tel. 02 87 12 88 55, www.ratana.it).

## Schnäppchen

Nicht enttäuscht sein über die horrenden Preise der Modeboutiquen im Quadrilatero d'Oro. Nicht weit entfernt gibt es im **DMagazine Outlet** Designermode zu Schnäppchenpreisen. Die ist immer noch teuer – aber zum Teil über 50 Prozent günstiger als im Laden!

### DMAGAZIN
Via Manzoni 44, Tel. 02 36 51 43 65, tgl. 10.00–19.30 Uhr, www.dmagazine.it

Beste Adresse für echte *cotoletta alla milanese* ist die €€€ **Trattoria del Nuovo Macello** (Via. C. Lombroso, Tel. 02 59 90 21 22, www.trattoriadelnuovomacello.it). Unscheinbar wirkt €€€ **Al Bacco** von außen, und auch die Einrichtung lässt eine eher einfache Trattoria vermuten. Doch die Milaneser Küche ist exzellent und ganz im Geiste von Slow Food zubereitet (Via Marcona 1, Tel. 02 54 12 16 37, So. geschl.). Beim Imbiss € **Sorry Mama** dreht sich alles um Lasagne, jeden Tag anders und stets lecker zubereitet (Corso di Porta Romana 79, Tel. 02 87 39 66 53).

### UNTERKUNFT

Modernes Design zu erschwinglichen Preisen: Das €€€ **UNA Hotel Tocq** ist ein sehr empfehlenswertes, schickes Haus in Milanos In-Viertel Porta Nuova. Die Sofas stammen von Poltrone, die Lampen von Flos, die Lage ist ruhig und zentral (Via A. De Tocqueville 7/D, Tel. 02 62 07 1, www.unahotels.it). Direkt am Naviglio Grande logieren Sie im €€ **Maison Borella**, einem historischen Haus mit lauschigem Innenhof (Alzaia Naviglio Grande, Tel. 02 58 10 91 14, www.hotelmaisonborella.it). Bezaubernd sind die drei individuell eingerichteten Zimmer des €€ **Bed & Breakfast Cocoon**, das (welch Luxus in Milano!) einen lauschigen Garten hat (Via Voghera 7, Tel. 02 8 32 27 69, www.cocoonbb.com).

### UMGEBUNG

Rund 40 km südöstlich von Mailand gelegen, verdient ⑫ **Crema** im flachen Landschaftsbild der Poebene (33 500 Ew.) schon wegen der Basilika Santa Maria della Croce (2 km außerhalb des Stadtzentrums von Crema) einen Besuch: Das Gotteshaus zählt zu den bedeutendsten Wallfahrtskirchen der Region. Im Jahr 1490 verletzte hier ein Ehemann seine Frau so schwer, dass sie starb. In der Folge berichteten Anwohner von Wundern, die sich an dieser Stelle ereignet haben sollen und die sie der Jungfrau Maria zuschrieben. Giovanni Battaglio, ein Bramante-Schüler, wurde mit dem Bau einer Wallfahrtskirche beauftragt, die er als 35 m hohe Ziegelrotunde über kreuzförmigem Grundriss konzipierte. Mit ihrer Renaissancefassade und der barocken bzw. manieristischen Innenausstattung wirkt die Basilika imposant und zauberhaft zugleich. Die Schutzherrschaft (Patrozinium) der Kirche wird jährlich am 3. April gefeiert. Rund 20 km nordöstlich von Crema erheben sich die gut erhaltenen Wehrmauern der Rocca von ⑬ **Soncino** (außerhalb der Karte) über das Oglio-Tal. Die gegen Ende des 15. Jh.s errichtete Burg mit ihren vier Ecktürmen und einem Rundturm gehörte dem Milaneser Geschlecht der Sforza und teilte mit Mailand die später wechselnden Herren (Di.–Fr. 9.00–13.00, Sa./So. 10.00–12.30, 14.30–19.00, Winter 10.00–12.30, 14.30–17.00 Uhr).

### INFORMATION

IAT, Piazza Castello 1, Mo.–Fr. 9.00–18.00, Sa. 9.00–13.30, 14.00–18.00, So. 9.00–13.30, 14.00–17.00 Uhr, www.turismo.milano.it Galleria Vittorio Emanuele II, Mo.–Fr. 9.00 bis 19.00, Sa. nur bis 18.00, So. 10.00–18.00 Uhr

Genießen    Erleben    Erfahren

# Sightjogging Milano

**DuMont Aktiv**

**Im Laufschritt** durch die Altstadt: Gerade in Mailand bietet sich das an, denn die Läufer/innen schlagen so gleich zwei Fliegen mit einer Klappe: Sie sehen die Stadt und verlieren dabei noch Kalorien – ein Bestreben, dem sich hier jeder und jede unterwirft.

**Es macht wirklich Spaß!** Andrea, unser Guide und Personal Trainer zugleich, lässt es erst einmal locker angehen. Ein sanftes Warm Up am Duomo, begleitet von seinen Erläuterungen zur Baugeschichte und den Kunstwerken, dann trabt die Gruppe los. Gleich geht's durch die Galleria Vittorio Emmanuele II, und damit wir den prachtvollen Bau auch etwas bewundern können, trippeln wir kurzerhand auf der Stelle. Am Teatro alla Scala rührt uns Andrea mit Anekdoten um Oper und Intrigen zu Tränen – oder sind das schon die ersten Schwächeerscheinungen? Man kommt nämlich ganz schön ins Schwitzen – was die schick gestylten Mailänderinnen, die ihr Geld in den Boutiquen des Quadrilatero d'Oro ausgeben, merklich die Nase rümpfen lässt, wenn die Gruppe ihnen zu nahe kommt. Das Tempo ist aber dennoch gemächlich, und wenn Andrea uns in die Innenhöfe von Palazzi führt, um Milanos Geschichte zu illustrieren, genießen die kurzatmigeren unter uns die kleine Verschnaufpause.

**Am Ende** sind wir eine knappe Stunde gelaufen und haben alle Highlights gesehen. Nun wird gestretcht. Und zwar richtig: Darauf legt Andrea Wert. Zur Belohnung spendiert er seinen Läufern einen Cappuccino – Fitness à la Milano, das geht nicht ohne Genuss!

**Weitere Informationen**

Deutschsprachiges Jogging-Sightseeing veranstaltet **Art Milano**. Neben der einstündigen Schnuppertour durchs Zentrum werden auch anspruchsvollere Laufrunden bis zum Schloss oder durch das Mailänder Gartenviertel organisiert. Und wer mag, kann sich hier sogar einen Personal Trainer für die Zeit seines Aufenthalts in Mailand buchen: Art Milano, Eiderstedter Weg 43 a, D-14129 Berlin, Tel. 030 80 19 59 44, www.art-milano.com

# Lustwandeln am Berg und am See

Das Nebeneinander von schroffer Bergwelt und weichem, mediterranem Licht ist allen Oberitalienischen Seen gemeinsam, doch die stärksten Kontraste feiern die Landschaften des Comer und des Luganer Sees. Wie eisige, von Felswänden beschattete Fjorde wirken die schmalen Seearme, wie Promenaden am Mittelmeer die subtropisch bewachsenen Ufer, deren Palmen sich vor pastellfarbenen Häusern und strahlenden Villen wiegen.

In der Lake Lounge des Hotels Dellago in Melide am Luganer See. Na dann: Prösterchen!

Como: Ein gotisches Meisterwerk ist der Dom Santa Maria Maggiore (oben links, rechts eines der beiden Taufbecken im Mittelschiff).
Erholung vom Sightseeing findet man im „Visini" (ganz oben rechts), einer gelungenen Mischung aus Enoteca, Pasticceria und Ristorante.

Von einem englischen Landschaftspark umgeben
ist die Villa Olmo in Como.

Frühling schickt sein blaues Band – an die
Uferpromenade in Como.

> „Wenn du nichts als ein Herz und ein Hemd besitzt, so verkaufe dein Hemd und stille dein Herz, reise an den See von Como."
>
> Stendhal

Dies ist eine Szenerie mit magischer Anziehungskraft auf Berühmte und Betuchte. Laglio am Comer See etwa kann ein Lied davon singen. Seit George Clooney die Villa Oleandra erwarb und nun jeden Sommer ein paar Wochen dort verbringt, steht der Ort unter der Belagerung von Fans und Paparazzi. Laglios Bürgermeister erließ sogar ein Verbot, im Umkreis der Villen stehen zu bleiben oder sich Clooneys Grundstück vom See her zu nähern. Der Schauspieler wehrte sich auf seine Art: Er installierte ein Katapult, mit dem er rohe Eier auf zu nahe heranfahrende Schaulustige schoss. Nicht ganz so lustig ist eine andere Entwicklung, die mit Clooneys Entscheidung für Laglio zu tun hat: Seit seinem Einzug sind die Immobilienpreise explodiert.

### Alle wollen nur Clooney

Flavia, Mitarbeiterin im Tourismusbüro von Como, kann die Frage nach George Clooney nicht mehr hören. „Wir haben eine wundervolle Altstadt, einen sensationellen Dom, fantastische Villen – und alle wollen nur Clooney" schimpft die junge Frau. Was würde denn Flavia zur Besichtigung empfehlen, abseits der üblichen Highlights? *Razionalismo,* die Architektur der klassischen Moderne, so ihr Rat. Architekten wie Giuseppe Terragni, der in den 1920er- und 30er-Jahren in

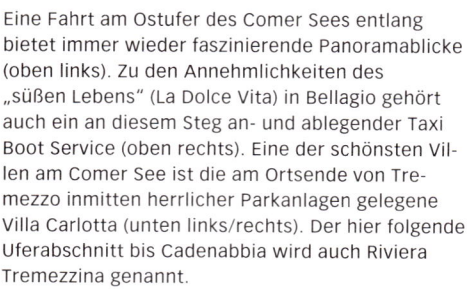

Eine Fahrt am Ostufer des Comer Sees entlang bietet immer wieder faszinierende Panoramablicke (oben links). Zu den Annehmlichkeiten des „süßen Lebens" (La Dolce Vita) in Bellagio gehört auch ein an diesem Steg an- und ablegender Taxi Boot Service (oben rechts). Eine der schönsten Villen am Comer See ist die am Ortsende von Tremezzo inmitten herrlicher Parkanlagen gelegene Villa Carlotta (unten links/rechts). Der hier folgende Uferabschnitt bis Cadenabbia wird auch Riviera Tremezzina genannt.

Der Parco Civico in Tremezzo – nach der etwas oberhalb der Anlage gelegenen Villa auch „Giardini di Villa Meier" oder kurz „Parco Meier" genannt – lädt ebenfalls zur Erholung ein.

Como beispielsweise die Casa del Fascio errichtete: Damit gelang dem Architekten zwar zum einen ein Idealbau des Rationalismus, ein als „gläsernes Haus" gestaltetes Manifest der damaligen italienischen Avantgarde. Zum anderen handelt es sich dabei aber auch um einen der wichtigsten Repräsentationsbauten des italienischen Faschismus.

Über die Ambivalenz solcher Bauten nachdenken kann man bei einem vom Tourismusbüro organisierten Rundgang. In den Sommermonaten ist dabei sogar das 30 Meter hohe Monumento ai Caduti zugänglich, das Terragni und sein Bruder Attilio 1931 für die Gefallenen des ersten Weltkriegs mit monumentaler Wucht am See errichteten.

Dass Como mit seiner touristischen Aufbereitung avantgardistischer Architektur in Diensten des Faschismus einen Drahtseilakt vollzieht, ist Flavia bewusst. Deshalb können weder das Monumento noch die Casa del Fascio (Haus des Faschismus) ohne einen Guide besichtigt werden, der den ideologischen Kontext erklärt.

### Zwei Römer, ein Dom

Letzten Endes landet dann ohnehin jeder Besucher dort, wo Como am schönsten ist: auf der Piazza del Duomo. Vor dem unprätentiösen Café Ai Portici blickt man

auf das Ensemble von Kathedrale, Torre Comunale und das mit einer zierlichen Loggia geschmückte Rathaus Broletto. Religiöse und weltliche Macht sind an diesem zentralen Platz nicht nur symbolisch vereint, sondern auch baulich miteinander verbunden. Die Kunstfertigkeit der *magistri comacini*, der berühmten Bildhauer und Steinmetze aus der Region von Como und dem Comer See, die ihre Wanderschaft auch zu weit entlegenen Baustellen in Lund, Passau und St. Petersburg verschlug, prägt jedes Detail des Gotteshauses. Wie fein die Züge der steinernen Gesichter gestaltet, wie anmutig der Faltenwurf der Gewänder, wie filigran die Fialen gearbeitet sind!

Erstaunlich allerdings, dass man beim Betreten des Doms von zwei heidnischen Römern empfangen wird. Links vom Portal sinniert Plinius der Ältere, Enzyklopädiker der Naturkunde und im Jahr 25 im damals römischen Como geboren, vor sich hin; rechts sein Adoptivsohn

Plinius der Jüngere, Senator, Autor der berühmten Plinius-Briefe und ebenfalls ein gebürtiger Comaske.

### Villen und Skandale

Was wäre Como, was wäre der See ohne seine Villen und deren Geschichten? Den furiosen Anfang am Westarm des Sees macht die Villa d'Este in Cernobbio. Kardinalsresidenz im 16. Jahrhundert, diente sie später der verstoßenen Karoline von Braunschweig als Exil, die hier rauschende Feste gab, um ihren Noch-Gemahl, den

## Was wäre Como, was wäre der See ohne seine Villen?

Prinzen von Wales, zu ärgern. Danach wurde die Villa zum Domizil von Unabhängigkeitskämpfern rund um den Baron Ippolito Ciani, die pompöse Empfänge veranstalteten, während ihre Damen unter bauschigen Röcken Geheimbotschaften schmuggelten. Im Jahr 1868 erwarb die Mutter der russischen Zarin das Anwesen, verlor aber schon zwei Jahre später die Freude daran; 1873 wurde es in ein Luxushotel umgewandelt.

Die Abbazia di Piona bei Olgiasca am Ostufer des Comer Sees gründete Bischof Agrippino von Como bereits im 7. Jahrhundert. Die heutigen Klosterbauten entstanden in der Mitte des 13. Jahrhunderts.

Varenna, mit seinem verschachtelten Stadtkern und dem südändischen Flair an der Uferpromenade wohl der hübscheste Ort am Ostufer, liegt an der breitesten Stelle des Comer Sees.

Die lang gestreckte, direkt am See gelegene Villa Monastero am Südende von Varenna geht auf ein im Jahr 1208 gegründetes Zisterzienserinnenkloster zurück.

Blick über die Dächer von Menaggio am Westufer des Comer Sees.

**Valtellina**

**Special**

# Sisyphos im Weinberg

. . . . . . . . . . . . . . . . . . . . . . . . . . . . . . . . . . . . . . . . . . . . . . . . . . . . . . . . . . . . . . . .

**Sfursat, Inferno Fiamme Antiche, Vigneto Fracia – diese Weinnamen sagen nur Kennern etwas. Sie bezeichnen eigenwillige Rote, die in einem Anbaugebiet gekeltert werden, dessen Geschichte bis in die karolingische Zeit zurückreicht.**

Um die Sonnenhänge des Valtellina bepflanzen zu können, mussten einst Terrassen und Treppen in die steilen Flanken der Rätischen Alpen gegraben sowie Tonnen von Gestein zu Mauern und Stützen verbaut werden. Rund 2500 km Trockenmauern, das Ergebnis eines halben Jahrtausends Plackerei, schützen knappe 1000 ha Rebfläche. Die Arbeit hier gleicht Sisyphos im Weinberg: Viele der Terrassen sind so schmal, dass gerade mal eine Reihe Weinstöcke darauf Platz findet, und anders als in leicht zugänglichen Anbaugebieten muss hier noch alles von Hand erledigt werden. Das braucht Zeit und kostet Geld. Wie sehr die Sorgfalt der hiesigen

Schmal terrassiert: Rebstöcke „in Hanglage"

Winzer bei der Pflanzung, Pflege, Ernte und der weiteren Verarbeitung zur Geltung kommt, schmeckt jeder, der in den Kellereien des Valtellina verkostet. Und vielleicht wird der Nebbiolo aus dem Valtellina trotz seines hohen Preises noch eine größere Fangemeinde finden, wenn die UNESCO wie erwartet sein Anbaugebiet würdigt. Doch ob mit oder ohne Welterbesiegel: Die Valtellina-Weine von Kellereien wie Nino Negri, Ar.Pe.Pe., Dirupi oder Triacca sind immer eine Verkostung wert.

In der Villa Erker-Hocevar in Moltrasio komponierte einst Vincente Bellini. Man erzählt sich, dass er seine Noten nachts niederschrieb, während er dem Gesang der Sopranistin Giuditta Pasta lauschte, der aus deren Villa am anderen Ufer über den See und an sein Ohr drang.

Am Ostufer des Comer Seearms steht auch die im 16. Jahrhundert erbaute Villa Serbelloni, die der französische Schriftsteller Stendhal bewohnte. Nicht weit entfernt, in der Villa Melzi, wurde im Frühjahr 1837 eine uneheliche Tochter gezeugt, die später zur mächtigen Komponistengattin Cosima Wagner aufsteigen sollte. Ihre Eltern waren Franz Liszt und die Gräfin d'Agoult.

Schräg gegenüber von Bellagio liegt Tremezzo, Mittelpunkt der Riviera Tremezzina und eines wahren Villen-Défilées, dessen Höhepunkt die Villa Carlotta bildet. Dieses im 18. Jahrhundert errichtete Gesamtkunstwerk ist geschmückt mit Werken des Bildhauers Antonio Canova und des Malers Francesco Hayez. Wenn die Rhododendren blühen, ertrinkt der Park förmlich in einem Farbenrausch.

## Der wilde Arm von Lecco

Der östliche Seearm mit dem Städtchen Lecco ist wilder, herber. Als „aus dem Wasser quellende Berge" beschrieb der in Lecco aufgewachsene Schriftsteller Ales-

Luganer Kaleidoskop (im Uhrzeigersinn von ganz oben links): Giardino Belvedere mit Uferpromenade, Gabbani (Hotel, Bar, Restaurant und Delikatessengeschäft in der Via Pessina), Marktstände im Zentrum und zwei Nachtschwärmer.

Urbanes Zentrum: Luganos Piazza della Riforma war 1798 Schauplatz des entscheidenden Kampfes um die Unabhängigkeit des Tessins von der von Napoleon eingeführten Zentralregierung.

Die lange, von Lugano bis Paradiso reichende Seepromenade wird vom Giardino Belvedere gesäumt, in dem zwischen subtropischen Pflanzen Skulpturen international bekannter Künstler aufgestellt wurden.

sandro Manzoni die Landschaft, in der er 1840 die tragische Liebesgeschichte seiner berühmten „Brautleute", Renzo und Lucia, ansiedelte. Die Felsen lassen hier kaum noch Raum für Bahntrasse und Uferstraße, die ihren Weg nach Norden durch zahlreiche Tunnels nehmen müssen.

Bei Varenna, einem bezaubernden Fischerort, weichen die Vorgebirge etwas zurück. Auch der See verbreitert sich, die Szenerie verliert nun ihre Enge und gibt Raum für ein weiteres Villenjuwel, die Villa Monastero. Auf ihren Gartenterrassen pflegten dereinst Klosterschwestern die duftenden Rosenstöcke. Heute promenieren Besucher des Museums durch den Park hinunter zum See.

### Schmuggler im Boot
Zwischen Comer See und Lago Maggiore greift der Schweizer Kanton Tessin weit nach Süden und Italien hinein. Die etwas unübersichtliche, von Bergen und den schmalen Armen des Luganer Sees gezeichnete Region gilt bis heute als Schmugglerparadies. Den unwegsamen Grenzverlauf können die beiden Staaten kaum überwachen. Im Schweizer Zollmuseum von Gandria, einem ehemaligen Grenzposten, hat sich denn auch einiges angesammelt aus der Zeit, als sich der Schmuggel mit Alltagswaren noch lohnte. Dazu gehört auch eine Art Tauchboot, das Kaffee und Zigaretten von Ufer zu Ufer beförderte. Heute, so die Muse-

umsmacher, werden im Schutz der dunklen Nacht und der häufigen Nebel Drogen und Menschen verschoben.

### Schweizer Ausblicke
Wie verwinkelt und unübersichtlich die Landschaft ist, zeigt der Blick vom Balcone d'Italia, einem herrlichen Aussichtspunkt unterhalb des Sighignola-Gipfels, zu dem eine bequeme Straße hinaufführt. In jeder Himmelsrichtung türmen sich Berge über kaltblauen Wasserarmen, als sei der Luganer See in Wirklichkeit ein kunstvoll gestaltetes Labyrinth. Auch Lugano sieht von oben aus, als habe jemand mit Türmchen und Klötzchen gespielt. Bei näherer Betrachtung entpuppt

Von Luganos Hausberg Monte Bré hat man einen herrlichen Blick über den
Luganer See bis weit in die Alpen hinein.

Malerisch: Der ehemalige Grenzposten Gandria schmiegt sich etwa fünf
Kilometer östlich von Lugano an den felsigen Steilhang des Monte Brè.

Oben: Am Monte Generoso verläuft die Grenze zwischen Italien und der Schweiz. Unten: Ein reicher Tuchhändler vermachte Morcote den nach ihm benannten Parco Scherrer.

# Flankiert wird Lugano von gleich drei Hausbergen – San Salvatore, Generoso und Bré.

sich der Banken- und Finanzplatz jedoch als Dauerbaustelle. Nicht die schlanken, im oberen Drittel mit Fresken geschmückten Campaniles ungezählter Kirchen dominieren seine Skyline, sondern Baukräne. Dabei herrscht schon jetzt kein Mangel an Neubauten oder Hochhäusern. Doch 50 Banken, mehr als 1000 Treuhänder und 170 Versicherungsgesellschaften benötigen Büroräume – eine erstaunliche Zahl für einen Ort mit kaum mehr als 65 000 Einwohnern.

## Wimmelbild der Renaissance

Um den Charme dieser Stadt mit gleich drei Hausbergen – San Salvatore, Gene-

roso und Bré – zu entdecken, schlendert man am besten die Via Pessina mit ihren verführerischen, teils unter Arkaden versteckten Feinkostgeschäften entlang und trinkt an der Piazza della Riforma einen Espresso. Samstags findet dort meist ein pittoresker Antiquitätenmarkt statt.

Einen zwingende(re)n Grund für den Besuch Luganos gibt es auch: den Lettner der Klosterkirche S. Maria degli Angioli. Bernardino Luini, ein Schüler Leonardo da Vincis, hat die Trennwand zwischen Kirchenschiff und Chor im 16. Jahrhundert mit vielen Szenen und Protagonisten der Passion bemalt und so ein „Wimmelbild der Renaissance" geschaffen.

**TESSINS GROTTI**

# Polenta aus dem Kupferkessel

*Im „steilen Bergwald auf schmaler Terrasse standen Steinbänke und Tische im Baumdunkel", heißt es bei Hermann Hesse, „aus dem Felsenkeller brachte der Wirt den kühlen Wein ..." Ob es in den Tessiner Grotti noch heute so zugeht?*

Nein, ganz so poetisch wie der Dichter haben wir das nicht erlebt: „Langsam stiegen aus den irdenen bläulichen Tassen, Sinnbild der Vergänglichkeit, die bunten Zauber, wandelten die Welt, färbten Stern und Licht ..." Unsere Besuche verliefen prosaischer, brachten aber einen ähnlichen Genuss. Etwa im Grotto Dangri, zu dem uns eine 45-minütige Wanderung führt. Voller Vorfreude und mit knurrendem Magen starten wir an der Kirche im Dörfchen Peglio hoch über dem Nordwestufer des Comer Sees. Edelkastanien, Birken und dicht behängte Brombeerbüsche säumen den in Serpentinen bergan führenden Weg. Ein Kuckuck ruft, vor uns huscht ein Feuersalamander ins Dickicht. Dann hören wir Motorenlärm – eine Geländelimousine brettert bergauf, sodass uns nur noch ein Sprung ins Gebüsch retten kann. Als wir endlich am Grotto Dangri ankommen – malerisch gelegen an den Gumpen eines Wildbachs, über den eine mittelalterliche Brücke führt – ist

Im Schutz der Pergola trinkt man den guten Tropfen traditionell im *Boccalino*, einer Art Weinkrug.

nicht nur der Parkplatz, sondern auch die Gaststube voll besetzt.

### Maisbrei, Rippchen, Bratwürste

Grotto, Mehrzahl *grotti*, heißen die rustikalen Lokale, die als Felsenkeller ursprünglich zur Lagerung von Wein, Wurst und Käse dienten. Manch ein Winzer verkaufte seinen Wein nicht nur, sondern schenkte ihn im oder vor dem Grotto aus. Tisch und Bänke, häufig aus Granit oder Schiefer, wurden aufgestellt, und bei einigen gab's zur flüssigen auch einfache, feste Nahrung. Einen Teller mit Wurst und Käse oder zwei, drei bäuerliche Ge-

richte, die hier im Grotto Dangri auf einer Schiefertafel stehen: *Polenta* (Maisbrei), *Costola* (Rippchen) und *Salsicce* (Bratwürste). Die Signora platziert uns auf einer überdachten Terrasse und bringt das, was in der Küche noch aufzutreiben ist. Die Polenta schwimmt auf einem See aus Olivenöl und schmeckt dennoch (oder gerade deswegen) wie der Himmel auf Erden. Die Rippchen sind kross gegrillt, der süffige, rote *nostrano* wird im Tonkrug auf den Steintisch gestellt – herrlich!

Wie es anfing mit den Grotti lässt sich wunderbar in Mendrisio am Luganer See besichtigen. Entlang der

Stefano Romelli im Grotto Bundi an der Via alle Cantine serviert Polenta aus dem Kupferkessel – in neun verschiedenen Varianten, eine leckerer als die andere!

Was Wald und Flur hergeben – Kastanien, Feigen, Äpfel –, findet Eingang in die traditionelle Tessiner Küche.

Viale delle Cantine reiht sich Weinkeller an Weinkeller. Die kühlen Lagerräume reichen tief in die Flanken des Monte Generoso hinein; vor den meisten stehen heute Tische und Bänke unter schattenspendenden Kastanien. Mit den einfachen, historischen Grotti haben diese Lokale allerdings nicht mehr viel gemein, auch wenn sie sich noch so nennen. Die simple Bauernkost wird bereichert durch feinen Salami- und Mortadellaaufschnitt, *pesce in carpione* (mit Essig und Kräutern marinierte Forellen), *Vitello tonnato* (hauchdünn geschnittenes Kalbfleisch mit einer Thunfischsauce und Kapern) sowie Kaninchen. Auch Polenta, Pilze, Minestrone, die Kuttelsuppe *busecca* und lokaler Ziegenkäse stehen auf den Speisekarten. Im Herbst gibt es manchmal *pane alle castagne*, das typische Maronenbrot aus dem Verzascatal.

### Vom Grotto zum Restaurant

Am Beispiel des Grotto Bundi in Mendrisio lässt sich die Verwandlung vom Grotto zum Restaurant gut nachvollziehen. Zu Beginn des 20. Jahrhunderts begann Abbondio Calderari, den alle nur „Bundi" nannten, mit dem Weinausschank und dem Verkauf von Wurst und Käse. Im Lauf der Jahre wurde das Speisenangebot erweitert. Heute ist das Grotto ein immer noch zünftiges, aber durchaus auch gutbürgerliches Restaurant, dessen Karte allein neun köstliche Varianten der im Kupferkessel über dem offenen Feuer zubereiteten *polenta al camino* listet, darunter eine mit Wachteln. Im Onlineshop vertreibt Bundi verschiedene Mehlsorten, Marmeladen, Kräuter und Wurstwaren. Und wer die Polenta zu Hause nicht missen, sondern selbermachen möchte, der bekommt bei Bundi die „Geheimmischung" und das Rezept zum Mitnehmen.

### Die Suche nach dem Ursprünglichen

Um ursprüngliche Grotti zu finden, lohnt es sich, auch ein bisschen tiefer in die Täler hineinzufahren, beispielsweise ins Valle Maggia nördlich von Locarno. Das Grotto Pozzacs, ursprünglich eine Mühle, liegt ungemein idyllisch an einem Flüsschen, umgeben von hohen Bergen. Der Wirt serviert Polenta, marinierten Ziegenkäse und Wurst, Minestrone und *trippe*, Kutteln. Auf der von einer sanften Brise gekühlten Terrasse könnte man auch ganze Tage vertrödeln.

In Tegna, Particia Highsmiths Wahlheimat im Val Onsernone, hat das hohe, schmale Steinhaus des Grotto America schon vier Jahrhunderte auf dem Buckel. Seit dem Jahr 1901 werden hier Gäste bewirtet, vor allem jene, so erzählen die Alten, die einst das bitterarme Tessin verließen, um ins gelobte Land auszuwandern. Was in diesem Fall hieß: nach Amerika.

## Urig & Gut

.........................................................................

Eine Auflistung empfehlenswerter Grotti findet sich auf **www.grotticino.ch.** Die traditionellen Lokale sind nur im Sommerhalbjahr, dann aber meist den ganzen Tag, geöffnet.
**Grotto Dangri (€),** Tel. 0368 37 25 705, das Grotto ist auf der SP4 von Livo (oberhalb von Gravedona) zu erreichen
**Grotto Pozzacs (€),** Al Fiume, 6695 Peccia, Tel. 0041 91 75 51 604, www.pozzacs.ch
**Grotto America (€€),** 6652 Tegna, Tel. 0041 91 79 62 370, www.grottoamerica.ch
**Grotto Bundi (€€),** Via alle Cantine, 24, 6850 Mendrisio, Tel. 0041 91 64 67 089, www.grottobundi.com

Brot, Schinken, Salami,
serviert mit einem guten
Glas Wein – die Tessiner
Küche steht für einfache,
herzhafte Genüsse.

# Hohe Berge, tiefe Seen

*Noch schmaler, noch verzweigter als die übrigen Oberitalienischen Seen sind die beiden nördlich von Milano gelegenen. Der Comer See wie der zu 63 Prozent auf Schweizer Staatsgebiet liegende Luganer See werden durch hohe Gebirgszüge vor Nordwinden geschützt und verdanken dem milden Klima eine subtropische Pflanzenpracht.*

## ① Como

Der Hauptort (84 000 Ew.) am Westarm des Comer Sees ist ein ebenso bedeutendes Industrie- wie Tourismuszentrum. Die Tradition der Seidenweberei fortführend, die in und um Como bereits ab dem 16. Jh. betrieben wurde, siedelten sich an der Peripherie vor allem Unternehmen der Textilindustrie an. Das kompakte Stadtzentrum lässt noch den rechtwinkeligen Grundriss des römischen *Comum* erkennen. Im Mittelalter wurde die Stadt mit einer zum Teil heute noch erhaltenen Stadtmauer befestigt.

### SEHENSWERT/MUSEUM
An der nordwestlichen Ecke der Altstadt befindet sich die **Piazza del Duomo** mit ihren drei charakteristischen Gebäuden: Das um 1200 in einem weiß, grau und roséfarbenen Streifenmuster errichtete Rathaus **Broletto**, dessen Loggia-Arkaden auf ebenfalls mehrfarbigen Säulen ruhen, schließt auf einer Seite an den Torre Comunale an und auf der anderen an den ab 1396 errichteten, bis 1744 fertiggestellten **Dom** TOPZIEL, das Meisterwerk der einheimischen Steinmetz- und Bildhauerschule. Die **Porta Torre** (12. Jh.) führt aus dem Bereich der ummauerten Stadt in die neueren Wohnviertel. Hier kann man dem Verlauf der Stadtmauer ein Stück nach Süden folgen. Die romanische **Basilica Sant'Abbondio** wurde 1013 von Benediktinern erbaut. Außergewöhnlich ist die komplett mit Fresken des 13. Jh.s ausgemalte Apsis. Vorbei am **Monumento ai Caduti**, dem herausragenden Beispiel des *razionalismo* in Como, erreicht man die **Villa Olmo**. Der klassizistische Bau mit seiner zum See geneigten Gartenanlage beherbergte schon viele berühmte Persönlichkeiten. Heute werden darin Kunstausstellungen gezeigt (www.grandimostrecomo.it). Ein Besuch im **Museo Didattico della Seta** im östlichen Neustadtbereich entführt den interessierten Besucher in die faszinierende Welt der Seidenweberei, die Comos Familien über Jahrhunderte ernährt hat (Via Castelnuovo 9, Di.–Fr. 10.00–18.00, Sa. nur bis 13.00 Uhr, www.museosetacomo.com).

### VERANSTALTUNG
Zum **LakeComo Festival** im September spielen bekannte Interpreten klassische Musik, teils in Villen, die sonst nicht zugänglich sind. Programm unter www.lakecomofestival.com.

*Oben: Pavillon im Garten der Villa Melzi in Bellagio. Rechts oben: Renaissanceschmuck in gotischem Rahmen zeigt das Innere des Doms von Como. Darunter: Mußestunde auf einer Kaimauer in Cernobbio.*

### SHOPPING
Die Altstadt ist ein Shopping-Paradies mit vielen Geschäften italienischer Designer. In der **Enoteca Visini** erwarten Sie Weine und Delikatessen aus der Lombardei (Via Ballarini 9, Tel. 031 24 27 60, www.visini.it).

### RESTAURANT
Auf der Speisekarte des €€ **Ristorante Sociale** findet jeder ein Lieblingsgericht zu gemäßigten Preisen (Via Rodari 6, Tel. 031 26 40 42, www.ristorantesociale.it). Mediterrane Küche serviert das €€€€ **The Market Place**, dessen Küchenchef Davide Maci schier unerschöpfliche kulinarische Fantasie besitzt (Via Borsieri 21, Tel. 031 27 07 12, http://themarketplace.it, So. geschl.). Einen Ausflug ins Intelvi-Tal krönt der Besuch im unscheinbaren € **Ristorante Hosterietta** mit kulinarischen Köstlichkeiten (Via S. Fidele, Castiglione d'Intelvi, Tel. 031 83 03 93).

### UNTERKUNFT
Das Plus des sympathischen €€€ **Hotel Borgovico** sind seine hübsch renovierten, komfortablen Zimmer (Via Borgovico 91, Tel. 031 57 01 07, www.hotelborgovico.it). In einem ehemaligen Kloster logieren Gäste des € € **B&B San Antonio** (Via Rezzonico, 23, Tel. 031 30 48 74, www.bblakecomo.it).

### UMGEBUNG
Zumindest einen Cappuccino sollten Sie sich 7 km nordwestl. auf der Terrasse der fantastischen **Villa d'Este** in **Cernobbio** gönnen, in der zahlreiche gekrönte Häupter gelebt haben, ehe die Villa in ein Luxushotel umgewandelt wurde (Via Regina 40, www.villadeste.com).

### INFORMATION
I.A.T., Piazza Cavour, 17, www.lakecomo.it

## ② Bellagio

Der eleganteste Ferienort am Comer See ist **Bellagio** TOPZIEL (3100 Ew.). Das ehemalige Fischerdorf an der Landspitze, an der sich der See in seine beiden wie bei einem auf dem Kopf stehenden Ypsilon geformten Arme teilt, besteht aus dem *borgo*, dem alten Ortskern im Westen, und den im 19. Jh. erbauten Prunkvillen entlang der Seepromenaden.

## SEHENSWERT

Den borgo beherrscht die romanische **Basilika S. Giacomo**. Zur kostbaren Ausstattung gehören das Altarbild eines Perugino-Schülers und ein Kruzifix aus dem 11. Jh. Die im Kern aus dem 15. Jh. stammende **Villa Serbelloni** und ihr üppiger Park beherbergen heute ein Grandhotel, weshalb man die Parkanlage nur im Rahmen einer Führung besichtigen kann (Via Garibaldi 8, April–Okt. Di.–So. jeweils 11.00 u. 15.30 Uhr, Treffpunkt PromoBellagio, Piazza della Chiesa). Zugänglich ist die **Villa Melzi d'Eril** am Westufer. Den zu Beginn des 19. Jh.s errichteten Bau umgibt ein englischer Landschaftspark mit Statuen, Teichen und einem maurischen Pavillon. Berühmte Liebespaare wie Franz Liszt und die Gräfin d'Agoult wählten das romantische Anwesen als ihren Rückzugsort (Lungolario Manzoni, April–Okt. tgl. 9.30–18.30 Uhr, www.giardinidi villamelzi.it).

## SHOPPING

Faszinierende Radierungen und Stiche stellen die beiden Künstler **Lili Barone** und **Gabriel Kantor** in ihrem Atelier aus (Salita Mella 27, www.atelierbellagio.it). Bei **Carmen Como Silk** bekommen Sie die hübschen Produkte aus Comos traditionsreicher Seidenmanufaktur (Salita Serbelloni 8).

## RESTAURANT & UNTERKUNFT

Familiär zu geht es im €€€ **Ristorante Bilacus** im Herzen des borgo (Salita Serbelloni 32, Tel. 031 95 04 80, www.bilacusbellagio.it). Über 300 verschiedene Weine führt die €€ **Enoteca Cava Turacciolo**. Zur Verkostung können Gäste Wurst- und Käseplatte, Fisch-Antipasti oder Pastagerichte bestellen (Salita Genazzini 3, Tel. 031 95 09 75, www.cavaturacciolo.it). Selbstversorger werden sich in den modernen Apartments von €€€ **Il Sogno Bellagio** wohlfühlen (Salita Genazzini 4, Tel. 0331 453 24 85, www. ilsognobellagio.it).

## UMGEBUNG

Ein weiterer traumhafter Park und eine Villa, die heute als Museum vor allem historische Möbel und Gemälde ausstellt, ist die Villa Monastero, ein ehemaliges, im 13. Jh. gegründetes Kloster in **Varenna** (Garten Mai–Aug. tgl. 9.00 bis 19.00, März, Okt. 10.00–17.00 Uhr; Museum März/Okt. Fr.–So. 10.00–17.00, April bis 18.00, Mai bis 19.00, Juni/Juli/Sept. Mi. 14.00–19.00, Do.–So. 9.30–19.00, Aug. tgl. 9.30–19.00 Uhr, www.villamonastero.eu). Das aus dem 13. Jh. stammende Castello di Vezio wird aus den Einnahmen einer Falknerei unterhalten. Raubvögel zeigen bei Flugvorführungen ihr Können (März/

Okt. Mo.–Fr. 10.00–17.00, Sa./So. 10.00–18.00, April tgl. 10.00–18.00, Mai/Sept. Mo.–Fr. 10.00 bis 18.00, Sa./So. 10.00–19.00, Juni tgl. 10.00 bis 19.00, Juli, Aug. Mo.–Fr. 10.00–19.00, Sa./So. 10.00–20.00 Uhr, www.castellodivezio.it). Am nördlichen Ostufer lockt bei **Colico** die Abbazia di Piona mit einer schlichten, im 13. Jh. erbauten Kirche und allerlei von Mönchen hergestellten kulinarischen Köstlichkeiten.

## INFORMATION

Uffizio Informazioni, Piazza della Chiesa 14, www.bellagiolakecomo.com

## ❸ Tremezzo

Am Fuß des Monte Procione gelegen, ist das Städtchen Mittelpunkt der nach ihm benannten Riviera, einer Aufeinanderfolge prunkvoller Villen.

## SEHENSWERT/MUSEUM

Die im 17. Jh. auf einer Anhöhe erbaute **Villa Carlotta** steht in grandioser Lage direkt Bellagio gegenüber. Ein anmutiger Barockgarten führt von der Villa hinunter an den See. Mitte des 19. Jh.s wurde ein Teil des Areals als englischer Landschaftsgarten gestaltet und Ende des 19. Jh.s um einen botanischen Garten ergänzt, dessen 150 verschiedene Azaleenarten das Gelände im Frühjahr in einen Farben- und Blütentraum verwandeln. Im Inneren der Villa haben die Eigentümer wertvolle Gemälde und Skulpturen versammelt (Via Regina 2, Tremezzo, Ende März–Mitte Okt. Museum 9.00–18.30, Garten 9.00–19.30 Uhr, www.villacarlotta.it).

## RESTAURANT & UNTERKUNFT

Selten sitzt man so idyllisch am See wie in der €€€ **Cucina della Marianna**, gegenüber der Isola Comacina. Das Wirtspaar serviert täglich wechselnde Menüs und vermietet Gästezimmer (Via Regina 57, Griante, Tel. 0344 4 31 11, www. lamarianna.com). Einen fantastischen Blick haben die Suiten des hoch am Hang gelegenen €€€ **Al Veluu**, dessen Restaurant ebenfalls sehr empfehlenswert ist (V. Rogaro 11, Tremezzo, alveluu.com). Das €€€€ **Il Ristorante di Paolo** pflegt gehobene Preise – mit der romantischen Lage kann das Essen mühelos mithalten (Largo Cavour 5, Menaggio, Tel. 0344 3 21 33).

## UMGEBUNG

Weiter gen Norden ist **Menaggio** der Hafen für die Seenschifffahrt und ein wichtiges touristisches Zentrum mit zahlreichen Hotels. Mittelpunkt ist die lebhafte Piazza Garibaldi mit vielen Souvenirgeschäften und Restaurants.

## INFORMATION

I.A.T., Piazza Garibaldi 3, Menaggio, www.menaggio.com

## Stadtflucht

Ein Hotel, das stolz verkündet, keine Sterne zu haben (aber auch nicht zu wollen), in dem jedes Zimmer originell eingerichtet ist und die „Mamma" die Frühstücksmarmeladen selbst kocht, ist genau das richtige Haus für Gäste, die auf normierten Standard verzichten wollen. Perfekt „für eine entschleunigende Stadtflucht in Jeans & Chucks" (so die Eigenwerbung).

€€€/€€€€ **HOTEL DELLAGO**
Lungolago Motta 9, Melide,
Tel. 0916 49 70 41,
www.hotel-dellago.ch

## ❹ Lugano

Der wirtschaftliche Aufstieg zum drittgrößten Finanzplatz der Schweiz hat Lugano (65 000 Ew.) ein von Hochhäusern geprägtes Stadtbild beschert. Lohnenswert ist ein Besuch der Altstadt.

## SEHENSWERT

Von den Piazzen della Riforma, Manzoni und R. Rezzonico ausgehend, führen Gassen durch den übersichtlichen Altstadtbereich. Bürgerhäuser des 19. Jh.s rahmen die Plätze ein, nur der **Palazzo Riva** an der Piazza Manzoni zeigt stolzes Barock. Originell sind die Feinkostläden an der Via Pessina. Hauptsehenswürdigkeit ist die südwestlich der Altstadt gelegene Kirche **Santa Maria degli Angioli**, die 1529 vom lombardischen Renaissancemaler Bernardino Luini mit einem schönen Fresko geschmückt wurde. Gleich mehrere Bauten des Tessiner Architekten Mario Botta gibt es in Lugano zu besichtigen, so den **Palazzo Ransila** (Corso Pestalozzi) oder Bottas Atelier in der Via Ciani 16. Der **Giardino Belvedere** begleitet mit subtropischem Pflanzenreichtum die Uferpromenade bis zum Seebad Paradiso.

## VERANSTALTUNG

Zum Nationalfeiertag am 1. August erleuchtet ein Riesenfeuerwerk den See beim **Spettacolo Pirotecnico**. Mitte Juli spielen Musiker beim **Estival Jazz** „draußen & umsonst".

*Mit seinen nach Südwesten ausfransenden Teilen macht der Luganer See seinem italienischen Namen, Ceresio (der Gehörnte), alle Ehre.*

Genießen    Erleben    Erfahren

**RESTAURANT & UNTERKUNFT**

In der gut sortierten Weinhandlung €€€ **Botte-gone del Vino** genießen die Gäste sorgsam zu-sammengestellte Menüs und die dazu empfoh-lenen Weine (Via Magatti 3, Tel. 091 9 22 76 89). In der € **Bottega dei Sapori** stillen Panini, Sa-late, Suppen den schnellen Hunger (Via Cattedrale 6, Tel. 091 9 21 47 33). Versuchen Sie, im €€€ **Hotel International au Lac** ein Zimmer zum See zu bekommen – der Blick ist fantastisch (Via Nassa 68, Tel. 091 9 22 75 41, www. hotel-international.ch).

**UMGEBUNG**

Am Lungolago nach Osten klebt der ehemalige Fischerort und Grenzposten **Gandria** förmlich am Felshang des Monte Bré; reizvoll ist ein Bummel durch seine steilen Treppengassen und der Besuch in einem der vielen Restaurants mit Terrasse zum Meer. Die Cantine, die Weinkeller von Gandria, liegen am Ufer gegen-über. Dort befindet sich auch das **Schweizer Zollmuseum** (April–Okt. 13.30–17.30 Uhr). In **Montagnola** erinnert das Museo Hesse an den Autor (s. DuMont-Thema S. 32).

**INFORMATION**

Ente Turistico del Luganese, Palazzo Civico Riva Albertolli, www.luganoturismo.ch

**⑤ Morcote**

Der hübsche Ort an der Südspitze einer Halbin-sel ist wegen seines malerischen Zentrums ein beliebtes Ausflugsziel. Die Anfahrt von Melide belohnt mit immer neuen, herrlichen Panora-men auf Monte Generoso und San Giorgio. Hoch über Morcote thront die Wallfahrtskirche **S. Ma-ria del Sasso**; das Innere ist mit bildgewalti-gen Renaissancefresken geschmückt. Den ver-wunschenen **Parco Scherrer** stattete sein Besitzer zu Beginn des 20. Jh.s mit ägyptischen Tempelchen, griechischen Gottheiten, thailän-dischen Buddhastatuen und diversen anderen Erinnerungsstücken an seine Reisen aus, das Ganze eingebettet in üppige, subtropische Vegetation (Mitte März–Okt. 10.00–17.00, Juli, Aug. bis 18.00 Uhr, www.morcote.ch). Im Frei-zeitpark ⑫ **Swissminiatur** bei Melide erleben Sie die Schweiz im Maßstab 1:25 (www.swiss miniatur.ch). In Riva S. Vitale am Südende des rechten Seearms entführt das **Baptisterium S. Giovanni** in die Frühzeit des Christentums. Im Zentrum des Baus aus dem 6. Jh. befindet sich ein achteckiges, in den Boden eingelasse-nes Taufbecken; an den Wänden sind Fresken-reste aus dem 10. Jh. erhalten.

**RESTAURANT & UNTERKUNFT**

Familiär ist der Empfang im €€€ **Albergo della Posta** (Piazza Grande, Morcote, Tel. 091 9 96 11 27, www.hotelmorcote.com) mit geschmackvoll eingerichteten Zimmern und gutem Restaurant.

**INFORMATION**

Ente Turistico, Riva dal Garavell, Tel. 0041 5 88 66 49 60

# Zu Fuß zu den Sauriern

**DuMont Aktiv**

**Das Dörfchen Meride** am Monte San Giorgio ist ein Mekka für paläontologisch Interessierte: Dessen Fossil-Fundstellen aus dem mittleren Trias, einer geologischen Periode vor etwa 247 bis 236 Millionen Jahren, zählen zu den wichtigsten Lagerstätten der Welt, weshalb sie von der UNESCO zum Welterbe ernannt wurden. Ein Museum und ein Lehrpfad entführen in die Ära von Fisch- und Landsauriern.

**Was hat ein Mixosaurus** auf dem Monte San Giorgio verloren? Der Fischsaurier schwamm, ebenso wie seine Kollegen von den Ammoniten, vor rund 240 Millionen Jahren durch das damals weite Teile der Erde bedeckende Tethys-Meer. Ihre in Kalk, Dolomit oder Ton versteinerten Skelette werden zusammen mit Algen, Muscheln aber auch Relikten von Landsauriern in un-gewöhnlich hoher Konzentration auf dem Monte San Giorgio gefunden.

**Der Lehrpfad zu den Fossilien** des Monte S. Giorgio star-tet am Museum in Meride und führt leicht ansteigend durch Kasta-nienwälder und vorbei an insgesamt 20 Schautafeln zunächst zur Alpe di Brusino mit einem einladenden Grotto. Gestärkt für den steilen Aufstieg bis Pianascio belohnt die Wanderer ein herrliches Panorama. Dann geht's bergab über Pissarda nach Albertina und zum Abschluss noch ein kurzes Stück bergauf nach Meride. Nach dem doch recht schweißtreibenden Weg beantwortet die Ausstellung in dem von Mario Botta entworfenen Fossilienmuseum die noch offenen Fragen.

**Weitere Informationen**

Der **Rundweg** von Meride ist 12,5 km lang und technisch anspruchslos, erfordert aber mit ins-gesamt 766 Höhenmetern einige Kondition. Für die Tour sind etwa 4,5 Stunden Gehzeit zu ver-anschlagen. Einkehrmöglichkeit gibt's nach dem ersten Drittel im Grotto Alpe di Brusino. Eine Karte ist im **Museo dei Fossili** del Monte San Giorgio erhältlich (Via Bernardo Peyer, 9, Meride, Tel. 0916 40 00 80, www.montesangior gio.org, Di.–So. 9.00–17.00).

*Im Fossilienmuseum (Museo dei Fossili)*

# Verborgene Schönheit, ländliches Idyll

Angesichts all der landschaftlichen und architektonischen Höhepunkte zwischen Mailand und Verona werden Bergamo und Brescia leicht übersehen. Doch Bergamos Piazza Vecchia und Brescias römisches Theater sind kaum weniger beeindruckend als der Mailänder Dom und die Arena di Verona. Nördlich verbirgt sich zudem ein vergleichsweise unbekanntes ländliches Idyll, der malerische Iseosee.

Barockliebhaber kommen im Inneren des in den Jahren 1680 bis 1688 vollendeten Doms von Bergamo ins Schwärmen.

Blick vom 54 Meter hohen Stadtturm Torre Civica, auch „Campanone" genannt,
auf die Dächer von Bergamo.

Die zwischen 1440 und 1493 angelegte Piazza Vecchia ist das Herz der Altstadt von Bergamo.
Im Süden wird der Platz vom Palazzo della Ragione flankiert, dem früheren Rathaus der Stadt.

Die neoklassizistische Fassade des Doms von Bergamo entstand erst im Jahr 1886.

In den engen Gassen der Altstadt von Bergamo – hier die Via Bartolomeo Colleoni – wandelt man auf den Spuren einer verlorenen Zeit.

**Studieren in Bergamo ist ein Traum. Philosophieren, umgeben von Mittelalter und Renaissance – diesen Luxus bekommen Studierende nicht überall geboten.**

Schritte hallen durch die Città Alta. Es wirkt fast ein bisschen unheimlich, denn bis auf ein sich näherndes Klack-Klack in den menschenleeren Gassen hört man nur das Gurren der Tauben, die von den Simsen der historischen Palazzi und Kirchen Bergamos Oberstadt beäugen. In der Via Donizetti beschleunigen die Schritte auf den Palazzo dell'Arciprete zu. Eine verspätete Studentin hastet zu ihrem Philosophieseminar. Studieren in Bergamo ist ein Traum: Die Institute, in denen Vorlesungen und Seminare der Geisteswissenschaftler gehalten werden, sind in historischen Palazzi der Oberstadt untergebracht, die komplett unter Denkmalschutz steht. Die Bibliothek findet man in einem Bau aus dem 16. Jahrhundert. Wenn sich die Tore des ebenfalls im 16. Jahrhundert erbauten Palazzo dell' Arciprete öffnen, strömen Italiener, Deutsche, Japaner, Amerikaner und Briten hinaus, und die Città Alta ist erfüllt von babylonischem Sprachengewirr.

**Die Rache des Malergenies**

Als der Schweizer Architekt Le Corbusier 1949 die Piazza Vecchia, den Mittelpunkt der Altstadt von Bergamo sah, erschien ihm diese als einer der schönsten Plätze der Welt. Das denkmalgeschützte Ensemble aus romanischem Campanone-Turm, dem Palazzo della Ragione in venezianischer Gotik, der im Renaissancestil errichteten Biblioteca Civica und dem barocken Brunnen ist von unvergleichlicher Eleganz. Ob Le Corbusier auch Santa Maria Maggiore auf der Piazza nebenan besichtigt hat, ist nicht überliefert. Gefallen hätte ihm die Kirche sicher, denn im Gotteshaus verbirgt sich ein eigenwilliges Kunstwerk: 1522 bestellte die Kirchenverwaltung bei dem venezianischen Maler Lorenzo Lotto 33 Bilder mit Szenen aus dem Alten Testament. Nach diesen Vorlagen sollten die Lehnen des Chorgestühls mit Intarsienbildern versehen und zum Schutz durch eigens dafür angefertigte Holztafeln verdeckt werden. Während das Projekt voranschritt und ein junger, hoch begabter Künstler die gezeichneten Motive in Holz umsetzte, wurde Lotto immer unzufriedener. Seiner Ansicht nach bekam er einen Hungerlohn; alle Nachverhandlungen führten zu nichts. Nach Fertigstellung des letzten Bildes im Jahr 1555 setzte der verbitterte Meister nie wieder einen Fuß nach Bergamo. Ob die Ambivalenz seines Werks in dieser Enttäuschung begründet liegt? Lotto entwarf für die Decktafeln alchemistische Zeichen und verbarg diese Symbole der schwarzen Magie zwischen den christlichen Motiven. Einige sehen so aus, als hätte Salvador Dalí sie ersonnen.

Drei Bauten bestimmen die Piazza Paolo VI. in Brescia: An der Ostseite des Platzes stehen nebeneinander der alte Dom, der neue Dom und der Broletto, das alte Rathaus (oben). Zwar scheint der alte Dom, Duomo Vecchio, hinter dem neuen Dom, Duomo Nuovo, fast zu verschwinden. Und doch ist die „Rotonda" (unten links), wie der alte Dom auch genannt wird, das eigentliche Schmuckstück des Ensembles. Unten rechts: Der im Jahr 73 erbaute Tempio Capitolino erhebt sich an der nördlichen Schmalseite des antiken Forums in Brescia.

In einem schönen Industriegebäude der Franciacorta, wo einst aus Erde Ziegel geformt wurden, kreiert Contadi Castaldi seinen Satèn – einen samtig-seidigen Schaumwein der Spitzenklasse.

In den Weinkellern von Riccardo Ricci Curbastro gedeiht ein hervorragender Spumante.

Crespi d'Adda

**Special**

# Von der Wiege bis zur Bahre ...

Möchte man hier leben? In den uniformen Häuschen, den Fabriktoren gegenüber, hinter denen man den Arbeitstag verbringt? Abhängig vom Wohlwollen des Patrons in seinem „Burg" genannten Herrenhaus? Aus heutiger Sicht nein. Doch gegen Ende des 19. Jahrhunderts war das, was die Baumwollfabrikantenfamilie Crespi in der Nähe ihrer Fabrik am Ufer des Flusses Adda errichteten, revolutionär.

Eine Arbeiter-Idealstadt sollte es sein, was Cristoforo Crespi und sein Sohn Silvio dort ab 1878 errichteten. Von der Wiege bis zur Bahre wollten sie sich hier in Vorwegnahme staatlicher Sozialleistungen um ihre Arbeiter kümmern, ihnen Wohnraum, Gärten, Gemüsegärten und alle notwendigen Dienstleistungen zur Verfügung stellen. Aufgeschlossen gegenüber allem Modernem, soll die Siedlung sogar als erste Italiens mit elektrischem Strom beleuchtet werden.

Die Crespis waren nicht die Ersten, die im Zuge der industriellen Revolution an solche Projekte dachten: In

UNESCO-Welterbe in Reih und Glied

England und Frankreich entstanden ähnliche Komplexe. Eine Sozialutopie, die aber nur so lange funktionierte, wie die Arbeiter ihrem Patron treu blieben. Wollten sie die Stelle wechseln, verlor die ganze Familie ihre Absicherung. In Crespi d'Adda waren sie zudem völlig isoliert – die Siedlung wurde weitab von Bergamo und Brescia auf der grünen Wiese erbaut. Dort steht sie noch heute, ist größtenteils bewohnt und als UNESCO-Welterbe hervorragend erhalten. Nur die Fabrik schloss 2003 ihre Pforten.

## Die vielen Gesichter der Stadt

Anders als Bergamos Città Alta auf ihrem steilen Hügel besaß Brescias Altstadt keinen natürlichen Schutzwall gegen die vordringende Moderne und wirkt deshalb nicht so homogen. Das grandiose römische Areal mit Theater und Kapitolstempel klemmt regelrecht zwischen den Wohnhäusern der Via Musei. Die harmonischere Piazza della Loggia, ein Geschenk Venedigs an die 1428 unter seine Fittiche geschlüpfte Kommune und nach dem Vorbild der Serenissima mit Loggia, Uhrturm und zwei die Glocke schlagenden Bronzefiguren geschmückt, geht nahezu übergangslos in die monumentale Piazza della Victoria im Stil des Rationalismus über – mit ihr wollte sich Mussolini in Bresca verewigen. Und als wäre nicht ausreichend Platz gewesen, ein stimmigeres Ensemble zu schaffen, stehen an der langgestreckten Piazza Paclo VI. das Rathaus Broletto sowie ein alter und neuer Dom in Reih und Glied und lassen jegliche Harmonie vermissen. Aber vielleicht gerade deshalb wirkt Brescia nicht wie ein Museum, sondern wie eine ganz normale Stadt. Eine Stadt, in der hart gearbeitet wird, um eine der höchsten Wirtschaftsleistungen Italiens zu erbringen, und die entsprechend viele Arbeitsmigranten beschäftigt. Mit knapp 20 Prozent ist der Anteil ausländischer Mitbürger in Brescia ziemlich hoch.

Für eine multikulturelle Gesellschaft gibt es keinen besseren Spiegel als deren

Blick von Sulzano am Ostufer des Lago d'Iseo auf die gegenüberliegende
Insel Monte Isola, den „Insel-Berg" im See.

Das vom Oglio durchflossene Val Camonica – hier mit Blick auf das Breno-Kastell – erstreckt sich
von der Nordküste des Lago d'Iseo bis zum Passo del Tonale im Nordosten der Lombardei.

Südlich des Lago d'Iseo breitet sich zwischen Bergamo und Brescia das Weinbaugebiet Franciacorta aus, dessen Schaumweine das Prädikat DOCG (kontrollierte, geschützte Herkunft) tragen.

Mit einer Fläche von gut vier Quadratkilometern und einem Umfang von rund acht Kilometern ist die Monte Isola die größte Insel in einem europäischen Binnensee.

Essensgewohnheiten, und wo ließen sich diese besser studieren, als im Restaurant? Signore Domenico, *padrone* der beliebten Osteria al Bianchi, hat es sich als unumschränkter Alleinherrscher über Personal und Gäste zur Gewohnheit gemacht, keine Privilegien zu gewähren – vor der Pasta sind alle gleich.

War das Abendessen als intimes Tête-à-tête geplant? Von wegen. Domenico setzt so viele Leute an den Tisch, wie nur geht.

Freundliche Bedienung? Eher flott und effektiv – neue Gäste warten schon.

Bevorzugte Behandlung? Da macht die lokale Prominenz die Rechnung ohne den Wirt. Auch die adelige Dame im Nerz muss dort speisen, wo Domenico sie platziert, neben dem Müllwagenfahrer aus Nigeria. Aber die Gäste lassen Domenicos Dirigat klaglos über sich ergehen. Denn die Küche ist unschlagbar: Es schmeckt wie am Sonntagmittag bei der *mamma* – einen höheren Grad der Anerkennung gibt es in Italien nicht.

### Von Hirschen und Göttern

Was war Italiens erste von der UNESCO ausgewählte Weltkulturerbestätte? Die Peterskirche in Rom? Die historische Altstadt von Verona? Weit gefehlt! Im Jahr 1979 wurde mit dem Val Camonica eine Stätte für den prestigeträchtigen Titel ausgewählt, deren kulturhistorisches Kapital aus über 300 000 Felsbildern besteht. Sie reichen von der Mittelsteinzeit, also um 8000 v. Chr., bis in die Neuzeit und stellen mindestens ebenso viele undechiffrierbare Symbole dar wie deutlich erkennbare Motive – Kriegsszenen, Tänze, Reiter, ein Hirschgott mit Geweih ... Urheber dieser Bilderflut waren die Camuni; ein Volk, das lange vor der Zeitenwende im 80 Kilometer langen Tal zwischen Iseosee und dem 1883 Meter hoch gelegenen Tonalepass lebte, später von den Römern unterworfen und dann von Missionaren christianisiert wurde.

„Camuni" nennen sich die Bewohner des Tals bis heute, auch wenn von der Kultur ihrer steinzeitlichen Vorfahren nur wenig erhalten ist.

DIE LANGOBARDEN

# Kriegerische Nomaden, feinsinnige Kulturträger

*Lang rätselte die Geschichtswissenschaft darüber, wie das antike Gedanken-
gut den Zusammenbruch des Römischen Reiches und die Wirren der Völkerwan-
derung überdauern und im Karolingischen Reich wieder auferstehen konnte.
Als wichtiges Bindeglied machte sie die Langobarden aus.*

Spricht man mit Armando Pederzoli vom *Assesorato al Turismo*, dann ist eigentlich alles klar. Der quirlige Brescianer kann viele Gründe dafür aufzählen, dass es die Langobarden – jenes barbarische, aus dem nördlichen Mitteleuropa stammende Germanenvolk – waren, die diesen sensationellen Akt der Kulturübermittlung leisteten. Um 569 kamen die seminomadischen Krieger in Norditalien an und starteten hier eine Art Relaunch ihrer Traditionen. Angezogen vom verfeinerten Lebensstil, der Architektur, der Literatur der Spätantike, und beeindruckt vom Prunk, den Byzanz entfaltete, legten sie die Keimzelle für eine neue Kultur, die ihrer nun sesshaften Lebensweise entsprach. Als Mittelpunkt des Königreiches wählten sie Pavia; über Brescia, Cividale und andere Städte herrschten Herzöge.

## Kulturelle Verschmelzung

Im Jahr 643 ließ König Rothari einen Gesetzeskodex schriftlich niederlegen, der das mündlich überlieferte Gewohnheitsrecht der Langobarden mit römischem Rechtsverständnis in Übereinstimmung brachte – ein grandioses Zeugnis kultureller Verschmelzung. Zu guter Letzt konvertierte schließlich die Adelsschicht, Anhänger der arianischen Glaubensrichtung, zum römischen Christentum. San Salvatore in Brescia war eine ihrer ersten Klostergründungen.

## Zwischen Rom und Byzanz

Womit wir wieder bei Signore Pederzoli wären, der uns vom Klosterhof aus einen ersten Blick auf das 735 errichtete langobardische Gotteshaus werfen lässt. Im 8. Jahrhundert war das Langobardenreich mit wechselnden Loyalitäten in diverse Zwistigkeiten zwischen Rom und Byzanz verwickelt. Nördlich der Alpen wuchsen die Karolinger unter Karl dem Großen zu einer Bedrohung heran. Desiderius, der letzte Langobardenkönig, versuchte es im Guten und schickte seine Tochter als Gattin zum Karolinger. Mit ihr kamen Wissenschaftler, Dichter und Rechtsgelehrte an den Hof Karls des Großen, der zwar den Kulturtransfer akzeptierte, nicht aber den Verzicht auf Italien. Im Jahr 774 eroberte er Pavia und ließ sich vom Papst zum König der Franken und Langobarden krönen. Das, so Signore Pederzoli, war das Ende der langobardischen Königsdynastie, deren einstige Machtzentren in Italien nun zum Welterbe der UNESCO zählen. Die Kultur aber lebte im Frankenreich weiter und befruchtete es mit all jenen Elementen, die das einstige Nomaden- und Kriegervolk aus der Spätantike hinübergerettet hatte ins Mittelalter.

Zu den Meisterwerken der im Museo di Santa Giulia präsentierten Sammlung zählen die „Geflügelte Victoria", eine 191 Zentimeter hohe Bronzestatue aus dem zweiten Viertel des 1. Jh.s, und das edelsteingeschmückte „Desiderius"-Kreuz (9. Jh.). Letzteres steht unter dem mit Sternen dekorierten Kreuzgewölbe der mittelalterlichen Kirche Santa Maria in Solario (linke Seite).

Auch diese römische Skulptur ist in der Sammlung des Museums in Brescia zu sehen.

## Museo di Santa Giulia (Brescia)

Via Musei 81/b, www.bresciamusei.com, Okt.–Mitte Juni Di.–So. 9.30–17.30, Mitte Juni–Sept. Di.–So. 10.30–19.00 Uhr; die Kasse schließt jeweils eine Stunde früher. Individuelle Touren: Tel. 030 29 77 833.

# Handel und Wandel

*Die alten Handelsknotenpunkte Bergamo und Brescia bilden bis heute wichtige Wirtschaftsverbände am Übergang der südlichen Alpen zur Poebene. Eine malerische Landschaft prägt die Umgebung des Iseosees, ein prähistorisches Felsenbilderbuch erwartet Besucher des Val Camonica.*

*Fontana del Contarini auf der Piazza Vecchia, dem weltlichen Zentrum Bergamos. Von hier sind es nur ein paar Schritte bis zum Domplatz, dem religiösen Zentrum und ältesten Kern der Stadt.*

## ❶ Bergamo

Über Bergamos (120 000 Ew.) weitgehend moderner Unterstadt thront die durch Mauern und Bastionen gesicherte Città Alta wie ein Adlernest. Unten herrscht geschäftiges Treiben, während oben Kirchen, Palazzi und Piazze von der Historie der Stadt erzählen. So befriedigt Bergamo das Bedürfnis nach Kunst und Architektur wie das nach dem entspannten Alltag einer italienischen Metropole. Eine Standseilbahn verbindet die beiden Pole.

### SEHENSWERT/MUSEUM

Die im 15. Jh. angelegte **Piazza Vecchia** TOP-ZIEL ist ein steinernes Symbol der Dominanz Venedigs. Dessen Markuslöwe ziert den Mitte des 16. Jh.s erbauten **Palazzo della Ragione** mit zierlicher Loggia im Erdgeschoss. Die überdachte Treppe stammt noch vom im 15. Jh. errichteten Vorgängerbau. In den Räumen finden wechselnde Ausstellungen statt (Juni–Sept. Di.–So. 10.00–21.00, Sa. bis 23.00, Okt.–Mai Di. bis Fr. 9.30–17.30, Sa., So. 10.00–18.00 Uhr). Vom 54 m hohen **Campanone**, dem im 17. Jh. erweiterten Stadtturm eines romanischen Vorgängers, eröffnet sich ein faszinierendes Altstadtpanorama (Nov.–März Di.–Fr. 9.30–13.00, 14.30–18.00, Sa., So. 9.30–18.00, April–Okt. Di. bis Fr. 9.30–18.00, Sa., So. bis 20.00 Uhr). Jeden Abend um 22.00 Uhr schlagen seine Glocken hundert Mal. Eine harmonisch proportionierte Renaissancefassade schmückt die **Biblioteca Civica**, die seit dem 18. Jh. als Bibliothek fungiert. Den Kreis der Kunststile an der Piazza Vecchia schließt ein barocker, von Löwen und Schlangenskulpturen eingerahmter Brunnen.

Zwei Gotteshäuser beherrschen die angrenzende **Piazza del Duomo**: der im Kern romanische **Dom**, der barock umgebaut erst Ende des 19. Jh.s seine heutige Fassade erhielt, und die Kirche **Santa Maria Maggiore**. An ihrer dem Platz zugewandten Nordseite des Querschiffs begeistert sie mit einem kunstvollen gotischen Portal. Im Inneren präsentiert auch sie sich in barocker Ausgestaltung. Bemerkenswert ist das von Lorenzo Lotto gestaltete Chorgestühl, in dessen Lehnen kostbare Intarsienarbeiten zu Szenen aus dem Alten Testament verborgen sind (Nov.–März Mo.–Sa. 9.00 bis 12.30, 14.30–17.00, April–Okt. Mo.–Sa. bis 18.00, So. 9.00–12.45, 15.00–18.00 Uhr). An die Kirche schließt die **Cappella Colleoni** mit mehrfarbiger Renaissancefassade an. Giovanni Battista Tiepolo schmückte 1743 das Innere mit Fresken über Johannes den Täufer (Di.–So. Nov. bis Feb. 9.00–12.30, 14.00–16.30, März–Okt. 9.00 bis 12.30, 14.30–18.00 Uhr). Neben der Kapelle erhebt sich das zierliche Achteck des im Jahr 1340 errichteten Baptisteriums. Nicht nur das **Museo Donizettiano** des in Bergamo geborenen und verstorbenen Komponisten Gaetano Donizetti (1797–1848) verdient einen Besuch; die gesamte, von schönen Palazzi gesäumte Via Arena lädt zu einem Bummel ein. Im Museum sind persönliche Gegenstände und Einrichtung aus dem Haushalt Donizettis zu sehen (Via Arena, 9, Okt.–Mai Di.–Fr. 9.30–13.00, Sa. auch 14.30–18.00, Juni–Sept. Di.–So. 9.30–13.00, 14.30–18.00 Uhr). In der um die Mitte des 14. Jh.s von dem Mailänder Visconti erbauten **Citadella** residierten nacheinander alle Herrscher, denen Bergamo untertan war. Heute beherbergt die Festung mehrere Museen, darunter das sehens-

werte **Museo Archeologico** mit Funden aus prähistorischer bis langobardischer Zeit (Okt. bis März Di.–So. 9.00–12.30, 14.30–17.30, April bis Sept Di.–Fr. 9.00–12.30, 14.30–18.00, Sa., So. 10.00–13.00, 14.30–18.30 Uhr). Die **Città Bassa** (Innenstadtbereich) mit Bauten vom 17. Jh. bis heute erstreckt sich zwischen Largo Porta Nuova und dem Hügel der Città Altà. Unweit der Puorta Nuova lädt die **Via Sentierone** zum Flanieren und Bummeln ein. Die Kirche **San Bartolomeo** schmückt ein Tafelbild des aus der Città Alta bekannten Lorenzo Lotto. Hauptanziehungspunkt der Unterstadt ist die renommierte **Pinacoteca** der **Accademia Carrara** mit einer exquisiten Sammlung von

## Tausend Meilen

....................................

Wenige Rennen sind so legendär wie die **Mille Miglia**, die 1927 bis 1957 und dann wieder ab 1977 die Gemüter von Sportwagenenthusiasten und Oldtimerfans bewegte und bewegt. Wenn Sie das echte Rennen über runde 1000 Meilen (1600 km), das jeweils im Mai in Brescia startet, verpasst haben, tröstet Sie ein Besuch im **Museo Mille Miglia**. Hier sind die schönsten Vertreter der teilnehmenden Oldtimer im romanischen Kloster S. Eufemia ausgestellt.

### MUSEO MILLE MIGLIA
Via e della Bornata 123, tgl. 10.00 bis 18.00 Uhr, www.museomillemiglia.it

*Mehr als 500 000 Bücher und Handschriften hütet die unmittelbar hinter dem Duomo Nuovo in der Via Mazzini in Brescia gelegene Biblioteca Querinina (hier mit dem spätbarocken Hauptlesesaal).*

Tizian bis Tiepolo (Piazza Carrara 82a, www. lacarrara.it, Di.–So. 10.00–19.00 Uhr).

## RESTAURANT

Das romantisch in der Altstadt gelegene Restaurant €€€ **Al Donizetti** bietet eine breite Auswahl Bergamesker Spezialitäten wie Käse, Schinken, Wein sowie charakteristische Gerichte aus der Region (Via Gombito 17, Tel. 035 24 26 61, www.donizetti.it). €€€ **La Dispensa di Arlecchino** ist der Name eines kleinen, quirligen Lokals mit umfangreicher Speisekarte aus allen Regionen Italiens (Via Gombito 9, Tel. 035 24 48 57, www.arlecchinoristorantepizzeria.it). Die € **Pasticceria Cavour** bietet Nostalgie pur in einer historischen Konditorei mit köstlichen Eissorten (Via Gombito 7, Tel. 035 24 34 18).

## UNTERKUNFT

Das €€€€ **Hotel Petronilla** ist ein wundervolles Boutiquehotel mit modern eingerichteten Zimmern. Ein kleiner, eleganter Spa-Bereich und das herrliche Frühstücksbüffet komplettieren das Angebot (Via San Lazzaro 4, Tel. 035 27 13 76, www.petronillahotel.com).

## UMGEBUNG

Den Besuch der knapp 20 km südwestlich von Bergamo gelegenen, als UNESCO-Welterbe ausgezeichneten Arbeitersiedlung **Crespi d'Adda** (s. Special S. 81) sollten Sie idealer-

### Tipp

## Perlende Tropfen

In der Hügellandschaft südlich des Iseosees gedeiht ein besonderer Wein: Die **Franciacorta** ist Italiens wichtigstes Produktionsgebiet für Spumante nach klassischem Flaschengärungsverfahren. Eine 80 km lange Weinstraße führt zu Winzern, aber auch zu malerisch gelegenen Klöstern wie dem romanischen Kluniazenserkonvent San Pietro in Lamosa.

## INFORMATION

Weg- und Winzerbeschreibungen liegen bei den Tourismusbüros in Brescia und Iseo aus, sind auf www.stradadel franciacorta.it abrufbar oder als App für Android und iPhone erhältlich.

weise mit einem Führer unternehmen. Nur dann erschließt sich die Bedeutung dieses sozialen Projektes (www.villaggiocrespi.it).

## INFORMATION

I.A.T., Via Gombito 13, www.turismo.bergamo.it

## ❷ Brescia

Von der enormen ökonomischen Bedeutung der an der Adda gelegenen Provinzhauptstadt (193 000 Ew.) merkt man im Stadtbild selbst nur wenig – die meisten Industriebetriebe sind an der Peripherie angesiedelt. Neben vielen kulturhistorischen Sehenswürdigkeiten gibt es in Brescia von Arkaden gesäumte Einkaufsstraßen wie die Via delle X Giornate, die das Shopping auch bei Regen zum Vergnügen machen.

## SEHENSWERT/MUSEUM

An der rechteckigen **Piazza Paolo VI.** sind kirchliche und weltliche Macht vereint: Das Rathaus **Broletto** zeigt architektonische Elemente vom 12. bis zum 18. Jh., der **Duomo Nuovo** daneben präsentiert sich mit reich gegliederter, barocker bis klassizistischer Fassade und einer der höchsten Kuppeln Italiens. Im Vergleich dazu wirkt der **Duomo Vecchio** mit seiner Ziegelsteinfassade ganz unscheinbar: Das im 12. Jh. errichtete Gotteshaus besteht aus zwei ineinander gesetzten Zylindern. Im Inneren steigt man über Treppen auf das Niveau des Vorgängerbaus, einer frühchristlichen Basilika hinunter, von der unter Glas noch Mosaikfragmente erhalten sind. Ein kostbarer Kirchenschatz, der **Tesoro delle Sante Croci** mit zwei Reliquienkreuzen (14./15. Jh.) wird in einer Seitenkapelle aufbewahrt (Di.–So. 9.00 bis 12.00, 15.00–19.00, So. 9.00–10.45 Uhr). Ab dem 15. Jh. brachte Venedigs Herrschaft Brescia wirtschaftlichen Aufschwung. Davon zeugen die repräsentativen Bauten an der **Piazza della Loggia** – allen voran die ab 1492 errichtete **Loggia** selbst, die allerdings durch das 1914 aufgesetzte wuchtige Dach (das ursprüngliche zerstörte ein Brand) nicht unbedingt gewonnen hat. Beteiligt war neben dem venezianischen Architekten Jacopo Sansovino auch Andrea Palladio. Die Südseite der Piazza begrenzen die Bauten des **Monte di Pietà**, des ehemaligen Pfandhauses (15. Jh.), und dessen moderneres Pendant **Monte Nuovo**. Den zweibogigen Renaissancebau dazwischen krönt eine Reihe zierlicher Fenster. Der Loggia gegenüber erhebt sich über drei Bögen der im 16. Jh. errichtete Uhrturm **Torre dell'Orologio**, den zwei eine Glocke schlagende Figuren krö-

nen. Die Brescianer nennen sie *i Macc dèle ûre*, die Verrückten der Stunden. Der monumentalen **Piazza della Victoria** musste in den 1920er- und -30er Jahren das mittelalterliche Marktviertel weichen. Das römische **Capitolium**, UNESCO-Welterbe, ist weitgehend unter den Bebauungen späterer Jahrhunderte verborgen. Ausgegraben und teilrekonstruiert wurden der Kapitolinische Tempel (1. Jh.) mit einigen erhaltenen Mosaiken und korinthischem Portikus und das daran angrenzende Theater (Via Musei 57, März–Juni Di.–So. 10.00–17.00, Juli–Sept. Di.–So. 11.00–19.00, Okt.–Feb. Fr.–So. 10.00–17.00 Uhr). Einen faszinierenden Querschnitt der Siedlungsgeschichte bis vor 3000 Jahren erleben Besucher der Ausgrabungen unter dem Palazzo Martinengo gegenüber (Via Musei 30, Mo.–Fr. 9.00–13.00 Uhr). Auch das **Museo di Santa Giulia** ein paar Häuser weiter führt tief zurück in die historischen Schichten Brescias: Das benediktinische Nonnenkloster **San-Salvatore-Santa-Giulia** TOPZIEL gründete der letzte Langobardenkönig Desiderius 753 auf den Fundamenten einer römischen Villa (siehe DuMont-Thema S. 84).

## RESTAURANT & UNTERKUNFT

Ein temperamentvoller Chef, eine fantastische, bodenständige Küche, viel Trubel und ein höchst gemischtes Publikum – kurzum: Ein Besuch der €€/€€€ **Osteria al Bianchi** ist ein Erlebnis (Via Gasparo da Salò 32, Tel. 030 29 23 28, www.oste riaalbianchi.it)! Lombardische Spezialitäten wie gefüllte Wachteln oder Kaninchen stehen auf der Karte des €€€ **La Grotta** neben italienischen Standards wie Pizza und Pasta (Vicolo del Prezzemolo 10, Tel. 030 4 40 68, www.oste rialagrotta.it). Das €€€ **Albergo Orologio**, ein Schmuckstück im Herzen der Altstadt, überzeugt mit seinen wenigen, romantisch eingerichteten Zimmern, einem lauschigen Innenhof fürs Frühstück und sehr aufmerksamem Personal (Via C. Beccaria 17, Tel. 030 3 75 54 11, www.albergoorologio.it).

## INFORMATION

Infopoint City Center, Via Trieste 1, www.turismobrescia.it

## ❸ Lago d'Iseo

Der 25 km lange und nur bis zu 3 km breite See ist von den hohen Bergriegeln der Bergamasker Alpen umschlossen. Charakteristisch sind seine steil abfallenden Ufer, die nur an wenigen Stellen Bademöglichkeiten bieten, aber für ein sehr malerisches Landschaftsbild sorgen. Pittoresk wirkt auch die 400 m hohe Monte Isola.

SEHENSWERT
Der Hauptort **Iseo** am Südufer hat sich im Zentrum rund um die arkadengesäumte Piazza Garibaldi ein hübsches Ortsbild bewahrt. Von der **Piazza Gabriele Rosa** kann man den ein- und auslaufenden Ausflugsbooten zusehen sowie einen ersten Blick auf die eigentliche Attraktion, die **Monte Isola**, werfen, zu der Fähren von Iseo wie vom 5 km entfernten **Solzano** verkehren. Die Häuser von **Peschiera Maraglio** staffeln sich am steilen Hang des Inselberges. Wer gerne wandert, kann die anderen Ortschaften zu Fuß erkunden.

**RESTAURANT**
In der €€€ **Locanda al Lago** serviert die Familie Soardi frische Köstlichkeiten aus dem See (Località Carzano 38, Monte Isola, Tel. 030 9 88 64 72, www.locandaallago.it).

**INFORMATION**
I.A.T. Lago d'Iseo e Franciacorta, Lungolago Marconi 2c, Iseo, www.agenzialagoiseofranciacorta.it

### ❹ Val Camonica

Das rund 80 km lange Tal greift vom Nordende des Iseosees weit entlang der Bergamasker Voralpen nach Nordosten. Zeugnisse seiner Besiedlung in prähistorischer Zeit sind über 300 000 Felsbilder, die vor allem im mittleren Tal rund um Capo di Ponte entdeckt wurden. Zahlreiche Wanderwege und Klettersteige erschließen die teils schroffen, das Tal einrahmenden Berge wie die 2549 m hohe Concarena oder den Felskegel des Pizzo Badile Camuno (2435 m). In Ponte die Legno befindet sich ein gut ausgebautes Skigebiet.

**SEHENSWERT**
Die 104 Fundstellen von Felsbildern des **Parco Nazionale delle Incisioni Rupestri** TOPZIEL bei Naquane/Capo di Ponte sind ein UNESCO-Welterbe. Das Volk der Camunen, das als Urheber der Gravuren gilt, besiedelte das Tal seit der mittleren Steinzeit und hinterließ an den Felsen eine Vielzahl von Symbolen. In großer Zahl kommt Jagdwild vor, bevorzugt Hirsche. Ebenso häufig sind Abbildungen bewaffneter Reiter. In manchen Motiven meint man vielleicht einen Schamanen beim rituellen Tanz zu erkennen, viele Darstellungen sind für uns Heutige kaum zu interpretieren. Auf fünf bequemen Routen werden Besucher zu den schönsten Felsen geführt, an denen Hinweistafeln das Gesehene erläutern. Für die komplette Besichtigung sind etwa vier Stunden vorgesehen (Sommer Di.–So. 9.00 –17.30, Winter bis 16.00 Uhr, www.arterupestre.it). Viele weitere Fundstellen, die frei zugänglich sind und teils auch zeitgenössische Gravuren aufweisen, listet eine beim Pro Loco von Capo di Ponte erhältliche Karte auf.

**INFORMATION**
Pro Loco, Via Sebastiano Briscioli, Capo di Ponte, www.proloco.capo-di-ponte.bs.it

---

Genießen   Erleben   Erfahren

# Per Rad in die Historie

**DuMont Aktiv**

Hübsche Dörfer, majestätische Berglandschaft und ein rauschendes Flüsschen begleiten Radfahrer auf dieser Tour vom Iseosee durch das Val Camonica zum Nationalpark von Naquane mit seiner Fülle prähistorischer Felsbilder. Wegen der zumeist gemächlichen Anstiege eignet sich diese Tour auch für Freizeitradler. Am besten nimmt man sich Zeit für Pausen an schönen Aussichtspunkten und für die Einkehr in einem Dorfcafé oder einem rustikalen Restaurant. Und plant eine Übernachtung am Ziel ein, denn zurück geht es auf der gleichen Route oder per Bahn.

Den Ausgangspunkt markiert Pisogne (187 m) am Iseosee. Der Einstieg zum Radweg befindet sich bei der Renaissancekirche Madonna della Neve mit kostbaren Fresken des aus Brescia stammenden Malers Romanino. Von dort folgt er dem Oglio, mal am rechten, dann am linken Ufer bis Darfo Boario Terme (11 km, 220 m), wo sich eine einbogige Steinbrücke aus dem 18. Jh. über den Fluss schwingt – ihre Fundamente stammen noch aus der Römerzeit. In Cividate Camuno (22 km, 275 m) wurden Fundamente eines römisches Theaters und eines Amphitheaters ausgegraben. Hier ist Zeit für die Mittagsrast, bevor die Tour über Breno (25 km, 343 m) und einem Anstieg nach Cerveno (30 km, 500 m) wieder an den Oglio hinunterführt und in Capo di Ponte (36 km, 362 m) im Parco Nazionale delle Inzisioni Rupestri endet.

---

**Was? Wo? Wie?**

**Die Route** ist rund 36 km lang, deutlich ausgeschildert und überwindet etwas über 300 Höhenmeter. Das Val Camonica wird von der Bahngesellschaft Trenord bedient.

**Fahrpläne und Preise** auf www.trenord.it, eine Fahrradmitnahme ist möglich.

Eine preiswerte Übernachtungsmöglichkeit in Capo di Ponte bietet etwa das € **Ostello del Pittore** (Via C. Bertolotti, 11, Paspardo, Tel. 0364 4 83 72, www.ostellodelpittore.it).

# Traumgärten, Exzentriker, Liebesschwüre

Der aufkommende Wind putzt die letzten Nebelfetzen vom Gardasee. Die Uferpromenaden von Riva und Torbole wirken nach der Regennacht wie frisch getüncht. Weiter nach Süden fließt die Sonne über die steilen Flanken des Monte Baldo, lässt den See glitzern und Gardone erstrahlen. Ein friedlicher Gardasee-Morgen, doch schon bald weicht die Ruhe der Action.

Auf einer Wanderung vom Pregasina-Tunnel in Richtung Riva zeigt sich der Gardasee von einer seiner schönsten Seiten.

Am alten Hafen in Limone, am Westufer des Gardasees, ist in den Sommermonaten oft kaum noch ein Plätzchen frei.

Zwischen Limone (hier ein Blick über die Dächer der Stadt) und Malcesine auf der gegenüberliegenden Seite des Gardasees verkehren Boote und Fähren.

Auf einem Felsen hoch über Arco thront eine mittelalterliche Burgruine.

Eine Wanderung in Richtung Ledrosee, einem 20 Kilometer nordwestlich des Gardasees auf 655 Metern Höhe gelegenen Bergsee, führt durch Weinberge.

Vormittags bläst vom Norden der Pelér, der „König der Gardaseewinde", nachmittags die Ora vom Süden. Als ob man seine Uhr danach stellen könnte.

Im Städtchen Arco öffnen gerade die Outdoorläden. In allen Farben des Regenbogens leuchten Funktionskleidung, Kletterschuhe und Fahrradhelme aus den Schaufenstern, während an den Felsen dahinter Freeclimber wie bunte Spinnen in ihren Sicherungen hängen. Ganze Schwärme von Mountainbikern lavieren, als wären sie durch ein unsichtbares Band miteinander verbunden, durch den italienischen Berufsverkehr auf den Ausgangspunkt zu, der sie zum ultimativen Trail bringen wird. An Torboles Seepromenade legen unterdessen die ersten Windsurfer ihre Bretter aufs Wasser und warten auf den richtigen Wind. Man meint, das im Übermaß produzierte Adrenalin am sportlichen Nordende des Gardasees förmlich riechen zu können.

### Gefährlicher Exzentriker und sanfter Individualist

Weiter in Richtung Südwesten, in Gardone Riviera, liegt dagegen der Geruch von Mottenkugeln und Abgestandenem in der Luft. Nicht im Ort selbst natürlich, sondern im Vittoriale degli Italiani, der als Ehrentempel unterhaltenen Villa eines der berühmtesten – und umstrittensten – Dichter Italiens, Gabriele d'Annunzio (1863–1938). Bis in den letzten Winkel ist der Palast vollgestopft mit Büchern, Porzellan, Cremedöschen, Nippes, Skulptu-

ren, Fotografien. Die Räume sind ausgelegt mit Teppichen, tapeziert mit Stoffen, die Fenster verhängt mit schweren Gardinen – d'Annunzio mied das Tageslicht. All diese Erinnerungsstücke, die erdrückende Einrichtung, die Inszenierung des Dichters als Genie entwerfen das Bild einer bizarren, ambivalenten Persönlichkeit, deren Gedanken die italienischen Faschisten inspirierten und Mussolini dazu veranlassten, d'Annunzios luxuriösen Lebensstil am Gardasee zu finanzieren.

Ein „Monster" nennt das österreichische Multi-Kunst- und Multi-Selbstvermarktungstalent André Heller den Dichter, dessen Vittoriale nur einen Steinwurf von jenem Ort entfernt ist, an dem er selbst einen Wohnsitz in einer venezianischen Villa hat. Diese steht in einem Botanischen Garten, der viele Jahre lang verwahrlost war, bis Heller im Jahr 1988 begann, ihm neues Leben einzuhauchen: „Wenn ich von einem der Balkone auf die Herrlichkeit des Gardasees oder in eines meiner Bambuswäldchen schaue, fällt es mir immer noch schwer zu glauben, dass dieser Park mich als Hüter und Verbündeten wollte, und ich danke es ihm, so gut ich kann, mit Liebe."

Ob es ihn gestört hat, in unmittelbarer Nähe von d'Annunzios Anwesen zu arbeiten? Wahrscheinlich verstand er sein Werk auch als ein Gegen-Statement, denn

Das Grandhotel Gardone in Gardone Riviera wurde im Jahr 1884 als erstes Hotel am See erbaut und verkörpert bis heute Eleganz und Stil dieser Zeit.

„Etwas Verwunschenes beherrscht den Ort, eine Langsamkeit und Trägheit, als wäre die Zeit nicht zuständig für dieses erste wirkliche Stück Süden …"

André Heller

Der öffentlich zugängliche Giardino Botanico in Gardone Riviera ist „eine Florasammlung von Weltgegenden …" (Heller)

GARDASEE UND VERONA 94 – 95

Oben: D'Annunzios Vittoriale degli Italiani.
Unten: B & B Due di Moro in Gardone.

Oben: Die neoklassizistische Villa Alba mitten im Zentrum von Gardone Riviera dient heute als Kongresszentrum. Unten: am Hafen von Gargnano.

das ist der Giardino Botanico in jedem Fall geworden: mit Orchideendschungel und Baumfarnen, Koi-Teichen, Buddhastatuen sowie modernen Skulpturen von Keith Haring bis Roy Lichtenstein. Eine Oase der Harmonie, ein Sehnsuchtsort – ein echter Heller eben.

Immerhin muss man auch der „Nachbarimmobilie" zugestehen, dass sie eine der idyllischsten Lagen am ganzen Gardasee aufzubieten hat. Und wer im Sommer eines der Konzerte im Anfiteatro del Vittoriale besucht, bei denen sich regelmäßig auch internationale Jazzgrößen wie Pat Metheny ein Stelldichein geben, der wird diesen Ort vor allem als eines erleben: unvergesslich schön.

## High Noon am Gardasee

Beide Gärten, der von Gabriele d'Annunzio wie der von André Heller, liegen oberhalb von Gardones eleganter Uferpromenade und erlauben einen unverstellten Blick auf das Ostufer mit dem wuchtigen Bergklotz des Monte Baldo. Ferienorte klettern an seinen Hängen hinauf, Malcesine, Brenzone, Torri del Benaco. Südlich des Monte Baldo weitet sich der See und greift nach allen Seiten weit in die Poebene hinaus mit ihren Einkaufszentren und Industriebetrieben. Und mit ihren Vergnügungsparks: Ob Westernstadt oder Hollywoodstunt, Afrika-Safari oder Fantasy Kingdom – der Unterhaltung sind in Gardaland & Co. keine

Grenzen gesetzt. Aber auch inmitten dieser eher unattraktiven, zersiedelten Landschaft glitzern Solitäre auf: Das bezaubernde Bardolino beispielsweise, von dem aus Weinstraßen zu Kellereien und feinen Winzern führen. Auch Valeggio sul Mincio wäre zu nennen, wo angeblich die Tortellini erfunden wurden und mit dem Parco Sigurtà eine weitere faszinierende Parkanlage zu schönen Spaziergängen einlädt. Und nicht zuletzt die schmale Halbinsel Sirmione, die wie ein Ausrufezeichen weit in den See hineinreicht, bewacht von einer wehrhaften Burg, mit der das Veroneser Geschlecht der Skaliger im 13. Jahrhundert hier seinen Einflussbereich absteckte.

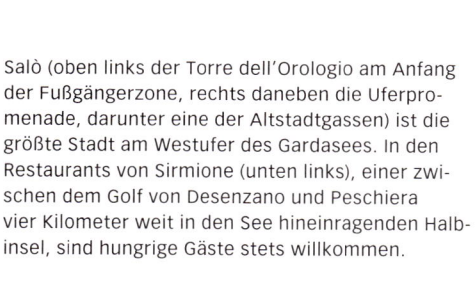

Salò (oben links der Torre dell'Orologio am Anfang der Fußgängerzone, rechts daneben die Uferpromenade, darunter eine der Altstadtgassen) ist die größte Stadt am Westufer des Gardasees. In den Restaurants von Sirmione (unten links), einer zwischen dem Golf von Desenzano und Peschiera vier Kilometer weit in den See hineinragenden Halbinsel, sind hungrige Gäste stets willkommen.

Das Wahrzeichen von Sirmione am südlichen Ende des Gardasees ist die um das Jahr 1300 entstandene mächtige Burg der Familie della Scala.

### O freuet euch, ihr flinken Wellen …

Hier am südlichen Ende des Gardasees richteten sich einst viele Römer ihre Landgüter ein. Die Region war und ist fruchtbar; Getreide, Reis, Obst und Wein gedeihen fast von selbst. Auch Gaius Valerius Catullus, der im 1. Jahrhundert v. Chr. in Verona lebte und dichtete, kam gelegentlich hierher, genauer gesagt nach Sirmione, wo er in einer luxuriösen Villa abstieg und die Heilkraft der Thermen genoss. „O liebes Sirmio, Glück auf, freue dich des Herrn! O freuet euch, ihr flinken Wellen auf dem See!" – so besang der Dichter seinen Sommersitz, der jedoch nicht identisch ist mit den Ruinen einer alten römischen Villa, die heute als „Grotten des Catull" bezeichnet werden. Catull war dort allenfalls mal zu Besuch – wo genau er damals wohnte, ist nicht bekannt. Aber die Thermalquelle von damals sprudelt, gesättigt mit Schwefel, Brom und Jod, noch heute und wird von ihrem Ursprung am Grund des Gardasees in die moderne Kurklinik vor den Toren des historischen Sirmione geleitet.

### Köstliche Weine aus dem Hinterland

Catull besang nicht nur Sirmione, sondern auch die köstlichen Weißweine, die im Hinterland von Sirmione und Desenzano gediehen. „Lucanus", der Name der Region, ging auf den Wein über. Als „Lu-

gana" errang er 1967 als eines der ersten italienischen Anbaugebiete DOC-Status; seit Beginn des 21. Jahrhunderts legte er eine beachtlich steile Karriere als Lifestylewein hin. Weiter nach Norden schließen sich die Anbauflächen des Valtenesi DOC an, wo der rote, würzige Gropello heranreift. Der Gropello-Rosé Chiaretto machte eine ähnliche Entwicklung wie der Lugana: Er ist ziemlich angesagt. Übrigens bauen ihn nicht nur die Winzer westlich des Gardasees aus. Auch im Bereich des Bardolino DOC östlich des Gardasees werden Chiaretto-Weine gekeltert.

Die meisten Weingüter am (und rund um den) Gardasee haben mit dem romantischen Bild eines alten Gutshofes samt urigem Fasskeller nicht mehr viel gemein. Eher schon handelt es sich um moderne Produktionsstätten mit Edelstahltanks und elaborierten Marketingstrategien.

Familie Zeni in Bardolino beispielsweise hat ein spannendes und sehenswertes Weinmuseum in ihre seit dem Jahr 1870 bestehende Cantina integriert. Der Rundgang vorbei an Arbeitsgerät,

historischen Traubenmühlen, Tragekörben und Weinfässern erläutert die einzelnen Arbeitsschritte, die zu einem guten Wein führen. Den Abschluss des Museums bildet ein Weinshop: Keine Frage, dass die Besucher hier auch gerne zugreifen. Andere Cantine vermarkten ihre Tropfen bei Weinproben, auf Weinfesten, ja sogar auf Messen im Ausland. Die Konkurrenz ist hart. Begnügte man sich früher mit mittelmäßiger Qualität und Tafelwein, so sind heute fein ausgebaute Tropfen und internationale oder zumindest nationale Preise das beste Verkaufsargument.

Landschaftlich schön angelegte Weinstraßen verbinden all diese Cantine mit-

## Wie ein Ausrufezeichen ragt Sirmione weit in den See hinein.

einander. Besucher, die hier und da einkehren und die Weine verkosten möchten, sollten schon vorab festlegen, wer als Fahrer freiwillig abstinent bleibt.

### Im Namen des Hundes

Welche Weine das Herrschergeschlecht der Skaliger bevorzugte, ist nicht überliefert. Ihre Namen bezeugen allerdings

Was in den Weinbergen von Bardolino (unten links und oben rechts) gedeiht, reift in den Barrique-fässern etwa des Weinguts Zeni (unten rechts) zu wohlmundenden Tropfen heran. Der hübsche Ferienort selbst (oben links) liegt am Ostufer des Sees zwischen Lazise und Garda und ist das Zentrum des gleichnamigen Weinbaugebietes.

eine seltsame Affinität zu Hunden. Die Herren nannten sich *Cangrande*, *Mastino* oder *Cansignorio* – Großer Hund, Dogge oder Leithund – und verteidigten vorrangig nicht Verona gegen Fremde, sondern sich selbst gegen die Veroneser, über die sie im 13. und 14. Jahrhundert herrschten. Letzteres legt zumindest ihre mit allen Schikanen gegen die Stadt abgesicherte Burg Castelvecchio an der Etsch nahe.

Ob die Signori von den heutigen Stadtbewohnern etwas zu fürchten gehabt hätten? Wohl kaum, denn die Veroneser scheinen ausschließlich ihren Geschäften, dem Konsum und den Genüssen des Lebens zugetan. Die Via Mazzini auf und ab zu promenieren, in den vielen Läden wie dem höchst schnieken Concept Store „Excelsior Milano" zu stöbern, für einen *Sprizz* auf der Piazza delle Erbe Halt machen, mit *bacio* links und *bacio* rechts die Freunde zu begrüßen – wo bleibt da noch Zeit für Revolutionen?

### Ein Bürgermeister räumt auf

Der Veroneser Pragmatismus ist sprichwörtlich im nördlichen Italien, und in Veronas Bürgermeister Flavio Tosi zeigt er sein manchmal doch recht fragwürdiges Gesicht. Seit 2007 – mit 60 Prozent der Wählerstimmen – ist der frühere Lega-Nord-Politiker Veronas Stadtoberhaupt.

Lega Nord? Ein Aufschrei ging damals durch den internationalen Blätterwald: Das schöne Verona, die wohlhabende liberale Kulturmetropole, befleckt von Ausländerfeindlichkeit und rechtem Gedankengut? Flavio Tosi ließ dann auch sogleich Roma-Lager räumen, demonstrierte mit der Rechten gegen die Schwulenehe und stellte neue Parkbänke mit Armlehnen auf, auf denen Obdachlose nicht mehr schlafen konnten. Doch zugleich modernisierte er im Schulterschluss mit der Opposition der politischen Mitte die Stadtverwaltung und bescherte damit der ohnehin starken Veroneser Wirtschaft einen weiteren Aufschwung – was ihm 2012 die Wiederwahl sicherte. Der nach politischen Differenzen inzwischen parteilose Tosi arbeitet nachdrücklich

Oben: ein Aperitif am neuen Hafen von Malcesine. Unten: Holt der Koch vom Hotel Lido Blu in Torbole den kapitalen Fang etwa selbst aus dem See?

Alter Hafen in Torri del Benaco, direkt an der Gardesana Orientale am Ostufer des Sees gelegen.

Malcesine: Die zinnenbewehrte Skaligerburg aus dem 13./14. Jahrhundert krönt einen steil zum See hin abfallenden Felssporn.

daran, die Stadt mit Projekten wie der Überdachung der Arena und der Gründung eines „Liebesmuseums" (Romeo und Julia lassen grüßen) ein touristischeres Gesicht zu geben. Dass deshalb in den weniger lukrativ erscheinenden Institutionen drastisch gespart wird, erwies sich Ende 2015 als kapitaler Fehler: Bei einem der größten Kunstraube der Geschichte konnten 17 kostbare Gemälde aus dem Castelvecchio entwendet werden, weil nur ein einziger Wachmann Dienst hatte.

## Sommernachtstraum in der Arena

Dabei sprudeln die Einnahmen nicht immer so, wie Tosi sich das wünscht. Die Opernfestspiele verzeichneten in den letzten Jahren Besucherrückgänge von über zehn Prozent, 2008 munkelte man gar

davon, das Festival sei pleite. Sollte das älteste unter freiem Himmel ausgetragene Opern-Event, die Mutter aller späteren Klassik-Open-Air-Ereignisse, wirklich kurz vor ihrem hundertsten Geburtstag das Zeitliche segnen? Mit Sparmaßnahmen wurde dies gerade noch verhindert, und so konnte Verona 2013 das Jubiläum mit einer spektakulären, von den Katalanen „La Fura dels Baus" inszenierten „Aida" begehen und zugleich Verdis zweihundertsten Geburtstag feiern (zu seinem hundertsten Geburtstag 1913 waren die Festspiele ins Leben gerufen worden).

Das Erfolgsrezept der Opernfestspiele ist nicht nur die historische Kulisse eines der größten noch erhaltenen römischen Amphitheater. Auch nicht die hervorragende Akustik, die die Musik und die

Stimmen der Sänger in erstaunlicher Klarheit und Differenziertheit auf alle Plätze trägt – auf die teuren ebenso wie auf die billigen Ränge. Das Geheimnis der Festspiele ist, dass sie künstlerischen Hochgenuss mit volksfestartiger Stimmung verbinden.

## Vorspiel auf der Piazza Brà

Das fängt schon lange vor der Vorstellung an, wenn der Auftrieb der von elegant bis nachlässig Gekleideten auf der Piazza Brà beginnt, auf der zur Erheiterung des Publikums die Kulissen für spätere Vorstellungen gelagert sind: ein kleiner Vorgeschmack auf das Kommende, das auf der monumentalen *scaena* ablaufen wird. Sogar lebende Elefanten, so wispert man sich schon etwas beschwipst

Das Dante-Denkmal auf Veronas Piazza dei Signori erinnert daran, dass die Skaliger den 1301 aus Florenz vertriebenen Poeten an ihrem Hof willkommen hießen.

Vini-Liquori Giovanni Zampieri in der Via Alberto Mario 23, unweit der Arena di Verona.

Die Basilika San Zeno Maggiore entstand in ihrer heutigen Form im 12. Jahrhundert über dem Grab des Stadtpatrons von Verona.

Blick vom Castel San Pietro auf die Etsch und das Zentrum der nicht zuletzt dank Shakespeare weltberühmten Stadt Verona.

Casa di Giulietta

**Special**

# Liebesgrüße aus Verona

**Tausende Grüße, Liebesschwüre, Bitten werden Jahr für Jahr an die Mauern der Casa di Giulietta gekritzelt und geklebt. Julia soll den Liebenden Glück bringen.**

Allerdings müssen sie schnell sein mit dem Lesen, die Liebenden, denn die Stadtverwaltung schickt regelmäßig Reinigungstrupps aus. Viel hilft es nicht. Wegen der Unsitte, die Botschaften mittels Kaugummi anzubringen, sieht es in Julias Tordurchgang und Hof aus, als hätten die Wände Pocken.

Dabei sollte es doch eine perfekte Kulisse sein: George Cukors Film *Romeo and Juliet* mit Leslie Howard rückte Verona 1936 in den Fokus aller romantischen Seelen. An echten Julia-Kultstätten aber mangelte es. Mit dem ziemlich heruntergekommenen Haus der Cappello, einer Kaufmannsdynastie des 13. Jh.s, die ja immerhin so ähnlich hieß wie Julias Familie Capuleti, war der Anfang gemacht. Nun mussten noch ein Balkon und etwas

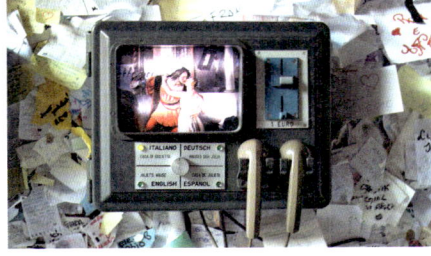

Wahre Liebe braucht Verständigung.

Lokalkolorit her. Als Balkon verwendete man einen Sarkophag aus dem Museumsfundus, die gotischen Fenster und das Spitzbogenportal wurden von anderen Gebäuden herbeigeschafft. Julias Grab ließ man, wie von Cukor inszeniert, in eine Art Gruft versetzen. Alles Kulisse, also.

Mit Romeo gab's übrigens weniger Probleme, denn zwei Straßen weiter existierte ein Haus der Montecci. Für diese „echte" Casa di Romeo interessieren sich allerdings viel weniger Touristen als für die falsche der Julia.

vom Aperitif beim Anstehen an den Eingängen zu, seien einmal bei der „Aida" über die 1500 Quadratmeter große Bühne getrieben worden. Überhaupt gilt Verdis Ägyptenepos als Muss in der Arena! Kaum eine andere Oper eignet sich so sehr für Monumentalkulissen.

### Was am Ende bleibt

Darstellerische und stimmliche Feinheiten sind dabei weniger gefragt. Wer viel Geld für die nummerierten Plätze im „Parkett" ausgibt, ist selbst schuld. Wie im alten Rom ist es das Volk auf den Rängen, für das die Spiele in Szene gesetzt werden, und dieses Volk bedankt sich mit Zwischenrufen, Seufzern, Lachsalven und vielfachem *salute* – diese Begeisterung ist das eigentliche Erlebnis in der Arena und hilft, den schmerzenden Po wie die harten Steinstufen zu vergessen. Wenn dann zuletzt die Scheinwerfer verlöschen und sich die Sänger ergriffen vor den Ovationen verbeugen, teilt sich das Opernpublikum unmerklich in zwei Gruppen: Die eine eilt schnell hinaus, um den Reisebus zu erwischen, der sie zurückbringt an den Gardasee oder gar auf die Autobahn in Richtung Heimat. Die andere Gruppe sind die beneidenswerten Veronesen: Sie feiern noch eine Weile auf den Rängen in der sternenglitzernden Sommernacht.

Während die Arena sich schon langsam füllt, ist es noch an der Zeit, einen Aperitif zu nehmen und den auf der Piazza Brà flanierenden Paaren und Passanten zuzusehen.

Massenaufmärsche und Monumentalkulisse: Verdis „Aida" eignet sich wie kaum eine andere Oper für eine Aufführung in der Arena di Verona.

Paare, Passanten, auch hier: in der Via Porta dei Borsari vor dem Caffè Rialto. Eine Prise Liebesglück in der Stadt von Romeo und Julia kann sicher jeder gebrauchen.

Das Erlebnis in der Arena fängt schon lange vor der Vorstellung beim Auftrieb auf der Piazza Brà an.

WANDERN AM GARDASEE

# Aussichtsgipfel und kulinarische Genüsse

*Der Monte Baldo ist etwas ganz Besonderes: Da der Bergrücken während der Eiszeiten unvergletschert blieb, überlebten hier viele Reliktpflanzen die lange Kälteperiode, darunter viele Endemiten. Heute markiert er das bekannteste Wandergebiet am Gardasee – aber nicht das einzige.*

So sehr verwöhnt die Natur hier den Wanderer mit einer Pracht und Vielfalt, dass die meisten nicht nur einmal hierher kommen, sondern immer wieder. Das gilt auch für uns, die Autoren dieses Bildatlanten. Bei unserem ersten Studentenurlaub am Gardasee beschlossen wir, direkt von Malcesine den Monte Baldo hinaufzusteigen – kein sehr kluges Unterfangen, wie sich bald herausstellte, dem jeglicher landschaftliche Reiz fehlte und das wir deshalb schon bald enttäuscht abbrachen. Doch trotz dieser unrühmlichen ersten Begegnung mit dem markanten Bergmassiv haben wir den Monte Baldo seitdem viele Male und auf ganz unterschiedlichen Wegen aufgesucht, und jedes Mal brachte er uns aufs Neue zum Schwärmen. Denn der Übergang von der mediterranen Welt unten am See zur hochalpinen auf dem Gipfel gleicht einer Reise durch weit voneinander entfernte Weltregionen, die wie durch eine wundersame Fügung ausgerechnet hier am Gardasee auf rund 2000 Höhenmeter zusammenschnurrten.

Eben noch wandern wir durch silbrig glänzende Olivenhaine, riechen den Duft von Hibiskus und Bougainvillea, stibitzen Trauben von einem Rebstock, genießen den Schatten von Kastanienwäldern – wenig später überqueren wir schon steile Almwiesen, balancieren auf ausgesetzten Graten und verteidigen unsere Brotzeit gegen freche Bergdohlen. Nicht zu vergessen das Panorama. Von oben wirkt es, als wüchsen die Bergriegel fast senkrecht empor. Und dazwischen glitzert verheißungsvoll der See.

## Monte Baldo und Polenta

Auf einer Länge von mehr als 40 Kilometern zieht sich der Monte Baldo am Ostufer entlang. Drei Gipfel, darunter die 2218 Meter hohe Cima Valdritta, akzentuieren das Massiv, das zum See hin schroff abfällt, nach Osten aber in sanften Wiesenhängen ausläuft. Von Malcesine führt eine bequeme Gondelbahn zum Gipfel, auf dessen breitem Plateau sich viele Wandermöglichkeiten bieten. Wir lieben besonders den Sentiero del Ventrar, einen zweistündigen Rundweg ab der Bergstation, der allerdings Schwindelfreiheit und Trittsicherheit erfordert. An stark ausgesetzten Stellen ist er mit Seilen gesichert. Fantastisch sind die Ausblicke auf den Gardasee und Malcesine; an einem Aussichtspunkt laden sogar zwei Bänke zum Verweilen. Und etwa auf halbem Weg erwartet uns (hoffentlich) die Bar Prai mit *Polenta e Funghi* und Aussichtsterrasse. Leider ist sie nicht immer geöffnet.

Auf der gegenüberliegenden Seeseite eröffnet der Naturpark Alto Garda Bresciano vielfältige Wandermöglichkeiten: Im Valle delle Cartiere folgen wir auf bequemen Pfaden dem munter plätschernden Forellenbach von

Oben: Auf dem Monte Baldo bieten sich immer wieder herrliche Panoramablicke auf den „Benaco", wie der See nach einer einst in Oberitalien verehrten keltischen Gottheit (Benacus) auch genannt wird.
Linke Seite: auf der Wander- und Mountainbikeroute vom Pregasina-Tunnel nach Riva.

Der Weg ist das Ziel. Aber es schadet auch nichts, dann doch mal wo (im Idealfall: oben) anzukommen und ein Päuschen zu machen.

Von oben wirkt das Panorama, als wüchsen die Berge fast senkrecht empor. Dazwischen glitzert der See.

Trittsicherheit und eine wandertaugliche Ausrüstung sind auf den meisten Routen am Gardasee unbedingt erforderlich (diese Seite und rechte Seite unten am Monte Baldo; rechte Seite oben am Westufer zwischen Pregasina und Riva).

Toscolano Maderno aus zu den Ruinen mehrerer Papiermühlen.

### Fantastische Blicke garantiert

Anspruchsvoll, dafür aber sehr aussichtsreich ist die sechsstündige Rundwanderung von Pregàsina über die Gipfel Cima della Nara und Cima al Bal. Immer wieder eröffnen sich fantastische Blicke auf den Lago di Garda und seinen kleinen, aus einem Hochtal emporleuchtenden Bruder, den Ledrosee. Vor allem die Passage zwischen den blumenübersäten Bergwiesen der Prati di Guil und dem zackigen Felskamm, der die beiden Gipfel verbindet, ist atemberaubend schön. Auch wenn nicht viel Muße bleibt für das Panorama, denn der Pfad ist schmal und ausgesetzt. Eine gastfreundliche Hütte gibt es auf dieser Tour nicht; wir nehmen ausreichend, aber nicht zuviel Proviant mit, denn danach fahren wir meist weiter ins Ledrotal und kehren im 15 Kilometer entfernten

Bezzecca in der Risotteria Rustichel auf ein köstliches *Risotto Trittico di Bosco* mit Spargel, Steinpilzen und Trüffel ein.

### Tunnel-hopping über dem See

Eine kindgerechte Wanderung ist die alte Ponalestraße vom Ledrotal an den Gardasee. 1851 wurde die Straße angelegt, seit einigen Jahren benützen sie nur noch Wanderer und Mountainbiker. Startpunkt ist erneut Pregasina bzw. die Abzweigung der alten Straße oberhalb des Tunnels, rund 200 Meter vor dem Ort. In steilen Serpentinen schlängelt sich der Weg rund 300 Höhenmeter bergab in Richtung Gardasee und folgt dann in einiger Höhe über dem Wasser und durch mehrere Tunnels dem Westufer nach Norden in Richtung Riva. Links steigt der Fels fast senkrecht empor, rechts fällt er ebenso steil in den See. Nicht immer ist ein sicherndes Geländer vorhanden. Für die Kinder empfehlen sich Stirnlampen, um die dunklen Tunnels und vielen Höhlen zu erkunden. Einziger Wermutstropfen dieser Route sind die Mountainbiker bzw. die „Kampfradler" – da heißt es aufpassen. Etwa zweieinhalb Stunden später erreichen wir Riva, wo der See, hier noch an einen norwegischen Fjord erinnernd, seinen nördlichen Anfang nimmt. Für uns aber bedeutet das nun: Ende gut, alles gut.

## Internet & Print

Diese und viele weitere Wanderungen am Gardasee sind auf www.planetoutdoor.de ausführlich, teils auch mit GPS-Daten, beschrieben. Empfehlenswert sind zudem die Kompass-Wanderkarte *Gardasee und Umgebung* im Maßstab 1:35 000 sowie der *DuMont-Wanderführer Gardasee* von Angelika Höllhuber.

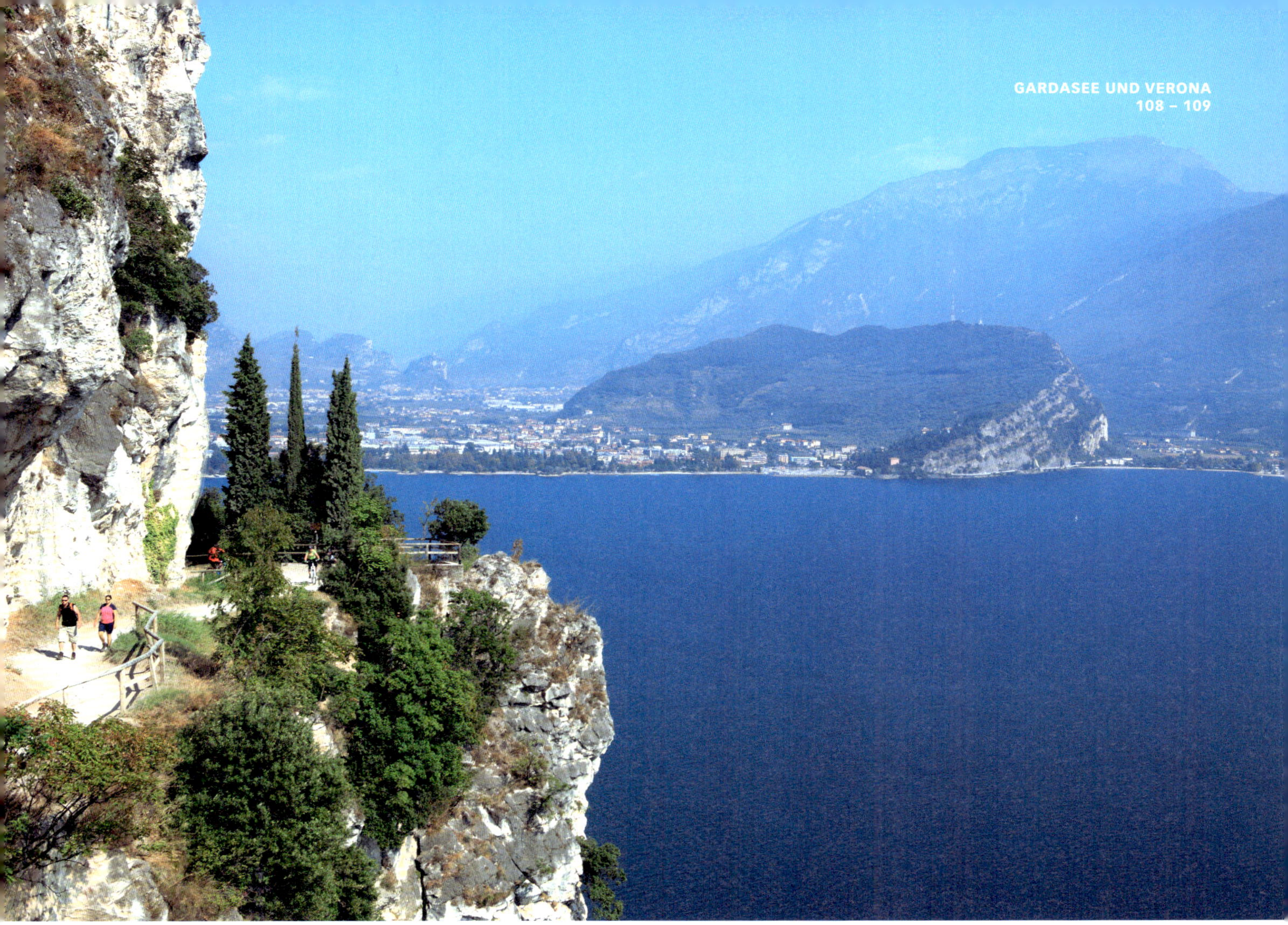

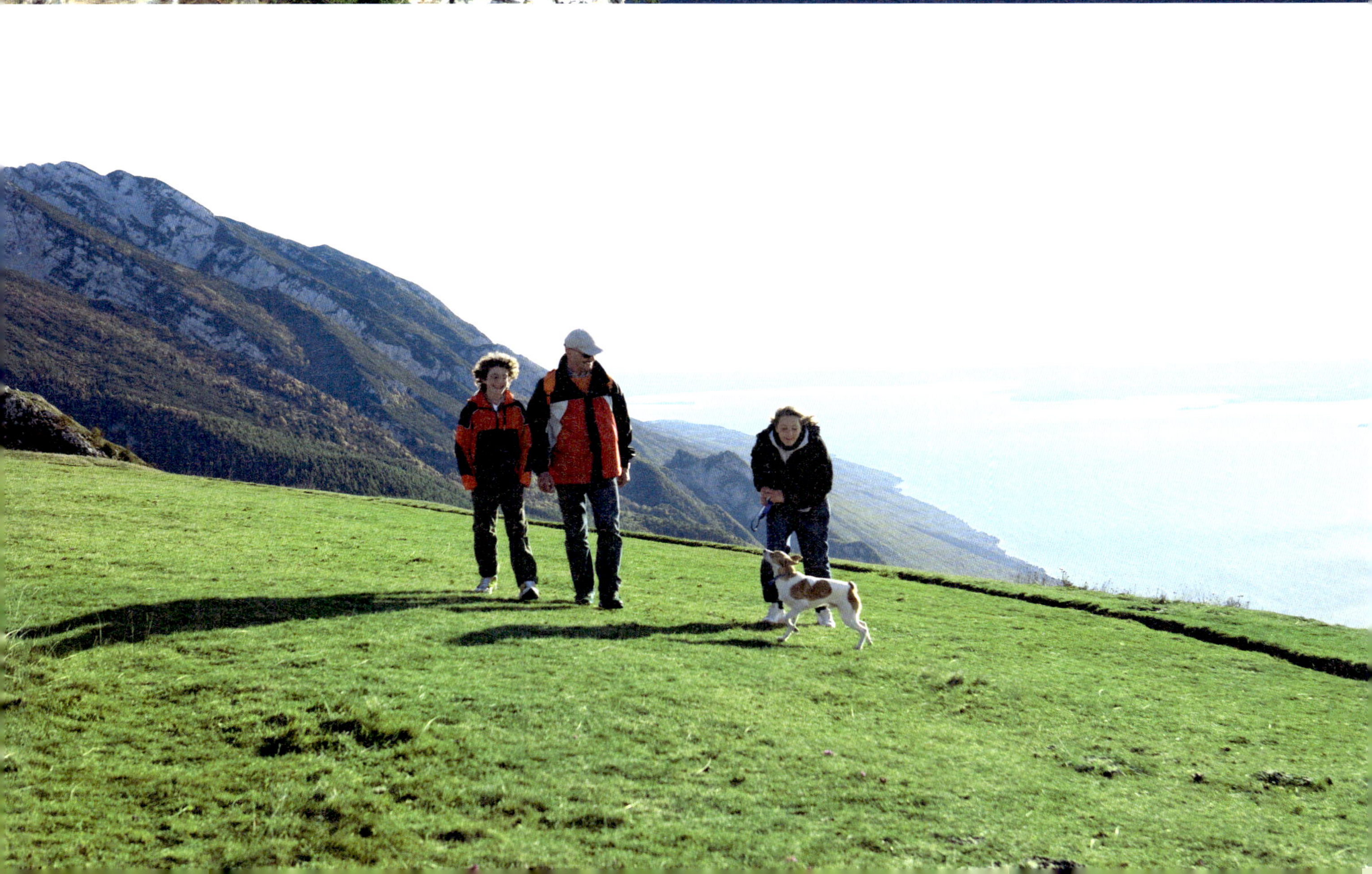

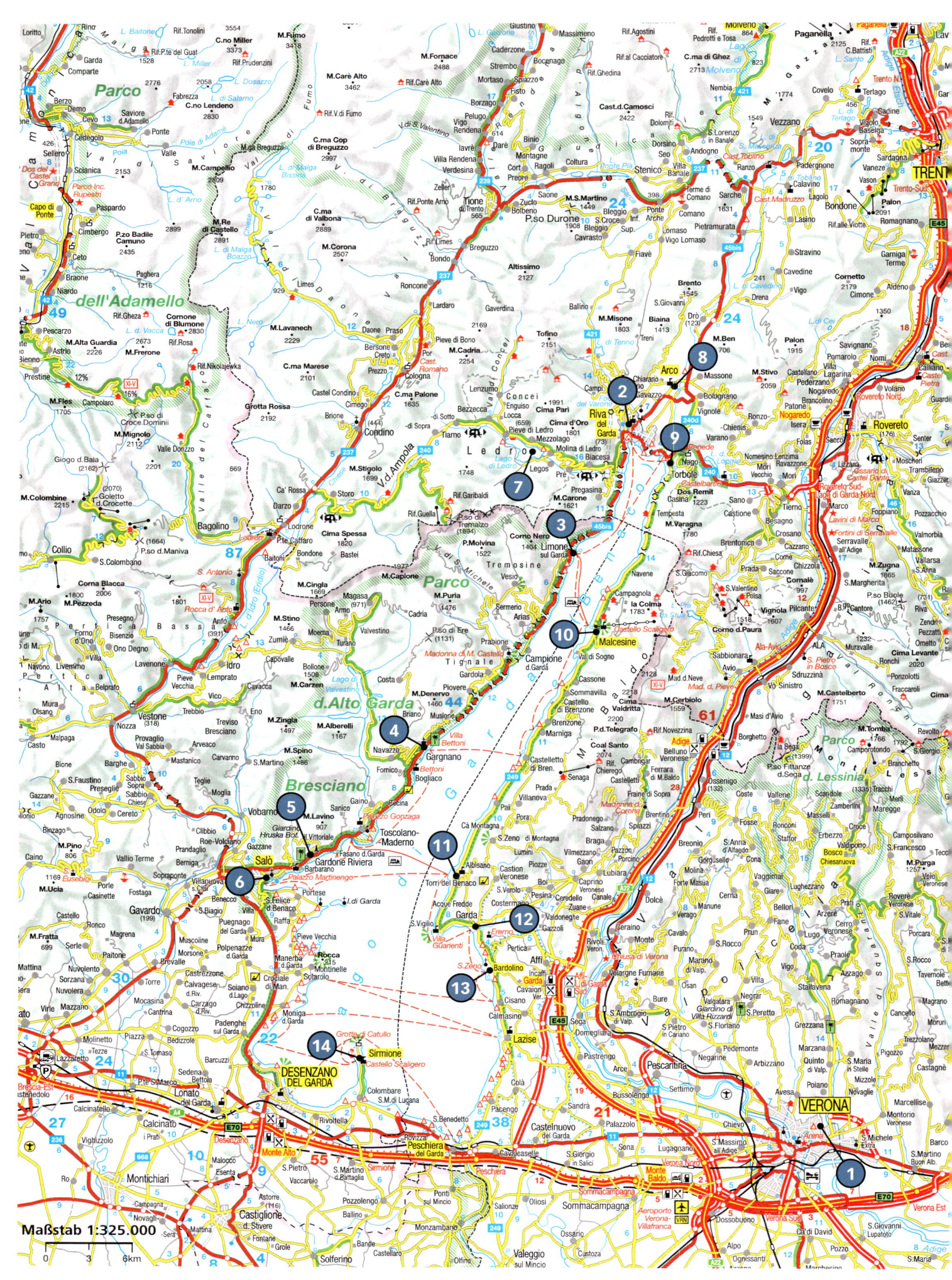

Maßstab 1:325.000

# Stadt, Land, See

*Die Urlaubsregion Gardasee/Verona vereint alle Attraktivität Italiens auf kleinem Raum: Großartige Kulturschätze, lässige Italianità, kulinarische Genüsse, fantastische Landschaften und mediterrane Promenaden. Plus eine gehörige Dosis Sport.*

## ① Verona

**Veronas Altstadt TOPZIEL** gehört zum Welterbe der UNESCO. Die 260 000-Einwohner-Metropole liegt am Übergang des Alpenraums in die Poebene am Ufer der Etsch (*Adige*). Kultureller Höhepunkt des Jahres sind die von Ende Juni bis Anfang September dauernden Opernfestspiele im antiken Amphitheater an der Piazza Brà (www.arena-verona.de).

### SEHENSWERT/MUSEUM

Das im 1. Jh. erbaute **Amphitheater** ist hervorragend erhalten, obwohl Erdbeben im 12. Jh. die Umfassungsmauer zerstörten. Sitzreihen, die eigentliche Arena und die Katakomben vermitteln auch heute noch eine lebhafte Vorstellung von den durchaus blutigen Volksbelustigungen (Mo. 13.30–19.30, Di.–So. 8.30–19.30 Uhr). Der Arena gegenüber laden auf der **Piazza Brà** Cafés und Restaurants zur Rast. Der Doppelbogen der **Portoni della Brà** (14. Jh.) leitet zum **Corso Porta Nuova** über. Ehemals das Forum Romanum des römischen Verona, diente die **Piazza delle Erbe** im Mittelalter als Heumarkt und wird heute nach wie vor als Markt sowie als gute Stube Veronas mit zahllosen Cafés und Restaurants genutzt; eingerahmt von Palazzi aus Renaissance und Barock, darunter die freskengeschmückten **Case dei Mazzanti** (14. Jh.) und der imposante **Palazzo del Comune** (15. Jh.). Zur **Piazza dei Signori** wendet dieser Palast seine gotische Fassade, dahinter zeigt er sich in unverfälschter Renaissance. Ein herrlicher Blick auf das mittelalterliche Verona eröffnet sich vom 83 m hohen **Torre dei Lamberti**, der im Jahr 1172 erbaut wurde (368 Stufen oder Lift, tgl. 11.00–19.00 Uhr). Die im 13. und 14. Jh.

über Verona herrschenden Skaliger ließen sich gleich neben dem städtischen Macht- und Verwaltungszentrum, der Piazza dei Signori, beisetzen. Die gotischen **Gräber der Skaliger** sind Meisterwerke der Steinmetzkunst; hier ruhen u.a. Cangrande I. (1291–1329), Mastino II. (1308 bis 1351) und Cansignorio (1334–1375). Die **Casa di Giulietta**, Julias angebliches Haus in Verona, ist mit Balkon und Julia-Statue ein Wallfahrtsort aller Romantiker (s. Special S. 103; Via Capelllo 23, Di.–So. 8.30–19.30, Mo. ab

13.30 Uhr). Schon wegen ihrer prächtigen Portalfassade verdient die zwischen dem 13. und 15. Jh. errichtete **Chiesa Sant' Anastasia** einen Besuch. Das mit feinen Steinmetzarbeiten geschmückte Portal wird von einem gotischen Spitzbogen eingerahmt. Im Inneren fallen die *gobbi* genannten Zwerge auf, auf deren Rücken die Taufbecken ruhen. Höhepunkt der reichen Ausstattung ist das von Pisanello gemalte Fresko „Aufbruch des heiligen Georg" in der Cappella Giusti (März–Okt. Mo.–Sa. 9.00–18.00, So. 13.00–18.00, Winter Mo.–Sa. 10.00–13.00, 13.30–17.00, So. 13.00–17.00 Uhr).
In ihrer jetzigen Gestalt stammt die steinerne **Ponte Pietra** weitgehend aus dem 16. Jh., doch es gab viele Vorgänger bis hin zu einem Holzsteg, auf dem schon die Römer zum Theater am anderen Etschufer gelangten. Dessen Sitz-

reihen staffeln sich am Hang über dem Fluss malerisch zwischen Zypressen. Eine zinnengekrönte Umfassungsmauer, sechs Verteidigungstürme und ein Wassergraben zur Stadtseite hin schützten das **Castelvecchio** vor Angriffen. Cangrande II. ließ sie im 14. Jh. errichten. In den Räumen präsentiert das **Museo Civico d'Arte** eine sehenswerte Kunstausstellung (Di.–So. 8.30–19.30, Mo. ab 13.30 Uhr). Von der Burg führt der ebenfalls zinnengeschützte **Ponte Scaligero** ans andere Etschufer. Eine

## „Verona war für mich tatsächlich das Schicksal und die Schönheit Italiens ..."

Heinrich Heine, „Reisebilder"

zweifarbige, mit Flachreliefs geschmückte Fassade ziert die im 12. Jh. erbaute romanische **Basilica di San Zeno** (März–Okt., Mo.–Sa. 8.30–18.00, So. 13.30–18.00, Winter Mo.–Sa. 10.00–17.00, So. 12.30–17.00 Uhr). Durch den von kleinen Säulen getragenen Kreuzgang betritt man die Kirche mit Hochchor und darunter errichteter Krypta, in der die Reliquien des hl. Zeno verehrt werden. Bemerkenswert: der Hochaltar von Andrea Mantegna (1459).

### RESTAURANT

*Die* Adresse für Veneto-Spezialitäten wie das Veroneser Leibgericht *Pasta e fasoi* (Bohneneintopf mit Nudeln) ist die €€€ **Osteria al Duca**, (Via Arche Scaligere 2, Tel. 045 59 45 74, www.osteriaalduca.it). In der €€€€ **Officina dei Sapori** verwandeln sich Fisch und Meeresfrüchte unter den kreativen Händen des Küchenchefs in Geschmackssensationen (Via G.B. Moschini 26, Tel. 045 91 38 77, www.officinasapori. com, So. Ruhetag).

### UNTERKUNFT

Das historische Hotel €€€ **Accademia** mit elegant eingerichteten Zimmern liegt top-zentral unweit der Via Manzini und hat eine Garage (Via Scala 12, Tel. 045 59 62 22, www.hotelaccademia verona.it). Hübsch mit antiken Möbeln eingerichtet ist die Pension €€ **B&B all'Opera** (Via Alberto Mario 11, www.bbopera.com).

### INFORMATION

IAT Piazza Brà, Via degli Alpini 9, www.turismoverona.eu

*Romanische und gotische Stilelemente vereint der Veroneser Dom Santa Maria Matricolare. Das Portal des Sakralbaus schmücken Skulpturen und Basisreliefs von Meister Nicolò.*

## ② – ⑦ Riva del Garda und das Westufer

Wie ein Fjord wirkt der von hohen Bergen eingerahmte See in seinem nördlichen Drittel. Das vielfältige Sportangebot und die Naturschönheiten ziehen vor allem Aktivreisende in die Region.

### SEHENSWERT

Hauptort am Nordende ist ② **Riva del Garda**, das im 19. Jh. als Kurort Furore machte. Von der arkadengesäumten Piazza 3 Novembre führen schmale Sträßchen durch die hübsche Altstadt. Den Hafen bewacht die Wasserburg Rocca (12. Jh.) mit dem Stadtmuseum **Museo Alto Garda** (MAG, Di.–So. 10.00–18.00 Uhr). Auf der Gardesana Occidentale am Westufer nach Süden fahrend erreicht man ③ **Limone sul Garda**, dessen Häuser förmlich am Fels kleben. Ab dem 17. Jh. wurden hier Zitronen in Gewächshäusern gezogen. Diese *limonaiae* erstrecken sich meist über mehrere Terrassen und bestehen aus Pfeilern und Außenmauern, die im Winter nach Bedarf mit Glas oder Holz abgedichtet werden konnten. Das malerische ④ **Gargnano** hat sich ein noch recht unverfälschtes Flair bewahrt. Die ehemalige Sommerresidenz der Verlegerfamilie Feltrinelli ist heute ein Luxushotel. Den Kreuzgang des Klos-

ters San Francesco (13. Jh.) schmücken in Stein gehauene Zitrusfrüchte. Bei ⑤ **Gardone Riviera** weitet sich der See. Zum **Vittoriale degli Italiani**, der Villa des Dichters Gabriele d'Annunzio (1863–1938), gehören Mausoleum, Theater und Privaträume (April–Okt. tgl. 8.30 bis 19.00, Winter 9.00–16.00 Uhr, www.vittoriale.it). Andre Hellers **Giardino Botanico** TOPZIEL entführt seine Besucher in ein Gartenreich der Träume (März–Nov. tgl. 9.00–19.00 Uhr, www.hellergarden.com). Im benachbarten ⑥ **Salò** lohnen ein Bummel über die Uferpromenade und ein Besuch des spätgotischen **Duomo Santa Maria Annunziata**.

### RESTAURANT & UNTERKUNFT

In den Gewölben eines historischen Palazzo zaubert die Küche des €€€ **Al Volt** Köstlichkeiten auf den fein gedeckten Tisch (Via Fiume 73, Riva del Garda, Tel. 0464 55 25 70, www.ristorantealvolt.com). Im €€€ **Al Miralago** gegenüber dem alten Hafen kochen Carlo und Ilaria exzellent (Piazza Feltrinelli, Gargnano, Tel. 0365 7 12 09). Sternverdächtige Feinschmeckerküche zu verhältnismäßig günstigen Preisen bietet die €€€ **Osteria Antico Brolo** (Via Carere 10, Gardone, Tel. 0365 2 14 21, Mo. geschl., www.ristoranteanticobrolo.it). Das €€€€ **Lefay Resort** in Traumlage überzeugt mit schickem Design, umfangreichem Wellnessprogramm und ökologischem Energiekonzept (Via Feltrinelli 118, Gargnano, Tel. 0365 24 18 00, www.lefayresorts.com). Das €€€ **Hotel Sole** in erster Reihe am See ist etwas für Nostalgiker. WLAN und Fahrräder sind für Gäste kostenlos (Piazza 3 Novembre, Riva del Garda, Tel. 0464 55 26 86, www.hotelsoleriva.it).

### UMGEBUNG

In **Molina di Ledro** am ⑦ **Ledrosee** gruben Archäologen Überreste 3500 Jahre alter Pfahlbauten aus. Die Stätte gehört mit anderen europäischen Pfahlbausiedlungen zum UNESCO-Welterbe (März–Juni, Sept.–Nov. Di.–So. 9.00 bis 17.00, Juli/Aug. tgl. 10.00–18.00 Uhr).

### INFORMATION

Ufficio Informazioni, Largo Medaglie d'Oro al Valor Militare 5, Riva del Garda, www.gardatrentino.it

## ⑧ – ⑪ Malcesine und das Ostufer

Aktivitäten stehen auch hier an erster Stelle – neben dem Wassersport lockt das Monte-Baldo-Massiv zu panoramareichen Wanderungen.

### SEHENSWERT/MUSEUM

Nur wenige Kilometer nordöstlich von Riva del Garda schmiegt sich ⑧ **Arco** an den Fuß eines von einer mittelalterlichen Burgruine bekrönten Felsens. Direkt dahinter beginnt das Freeclimber-Areal der Colodri-Wand. Im nahen ⑨ **Nago-Torbole** dreht sich alles um Segeln, Windsurfen und Fahrradfahren. Das 15 km entfernte ⑩ **Malcesine** ist ein beliebter Ausgangspunkt

---

### Tipp

## Bikerparadies

Torboles „Aktivhotel" ist ein Biker-Paradies: Die Gäste wählen im Tourenarchiv ihre Wunschstrecke aus, laden sich die Koordinaten auf ihr eigenes oder das geliehene GPS-Gerät herunter und sind so quasi mit einem elektronischen Reiseleiter unterwegs. Abends geben sie die verschwitzten Bikerklamotten ab und nehmen sie am nächsten Morgen frisch gewaschen in Empfang. Der Clou ist das Frühstück – viel Obst, Müsli, Bio-Eier und Vollkornbrötchen; gesunde Power für den sportlichen Tag.

### €€€ AKTIVHOTEL SANTALUCIA

38069 Torbole sul Garda, Via Santa Lucia 6, Tel. 0464 50 51 40, www.aktivhotel.it

---

### Tipp

## Hochseilgarten

Der Hochseilgarten unweit von Torbole ist familienfreundlich: Für den Einstieg empfiehlt sich die leichteste Kletter- und Schwingstrecke der fünf Routen, denn auch die hat's in sich. Wirken die Kinder sicher, lässt sich der Spaß noch um einiges steigern, bis hin zur schwarzen Route.

### PARCO AVVENTURA

Loc. di Busatte, 38069 Torbole sul Garda, Tel. 0347 2 88 05 70, www.busatteadventure.it

für Touren am Monte Baldo (2218 m, Seilbahn tgl. 8.00–17.00 Uhr). Die trutzig über dem Ort thronende **Skaligerburg** wurde 1786 um ein Haar Goethe zum Verhängnis. Er wollte sie malen und wurde deshalb verdächtigt, ein österreichischer Spion zu sein. Reizvoll ist ein Bummel durch die Altstadt. Auch ⑪ **Torri del Benaco** duckt sich in den Schatten einer imposanten Skaligerburg, deren Museum sich Themen wie dem Fischfang und dem Olivenanbau widmet (April–Mitte Juni, Mitte Sept.–Ende Okt. 9.30–12.30, 14.30–18.00, Mitte Juni–Mitte Sept. 9.30–13.00, 16.30–19.30 Uhr). Der Badestrand **Baia delle Sirene** säumt die von der Natur mit besonderer mediterraner Schönheit bedachte Halbinsel **Punta San Vigilio** mit ihrer prunkvollen Renaissancevilla.

### RESTAURANT & UNTERKUNFT

Das Michelin-Stern-gekrönte Feinschmeckerlokal €€€€ **Vecchia Malcesine** zählt zu den besten Restaurants am See (Via Pisort 6, Tel. 045 7 40 04 69, www.vecchiamalcesine.com). Bescheidener speist man an den Holztischen unter Bäumen der €€ **Speck Stube** Gegrilltes, Würste, Speck und Bier (Via Navene Vecchia 139, Campagnola, Tel. 045 7 40 11 77, speckstube.com, nur im Sommer).
Persönliche Atmosphäre prägt das modern und farbenfroh eingerichtete €€€ **Hotel Erika** mit kleinem Garten im Ortszentrum (Via Campogrande 8, Malcesine, Tel. 045 7400451, www.erikahotel.net). Modern gestaltete Zimmer, ein Privatstrand und ein breites Sportangebot sind

die Pluspunkte der €€€ **Villa Carmen** etwas außerhalb von Malcesine (Via Gardesana 372, Tel. 045 7 40 03 33, www.villacarmen.it).

INFORMATION:
Malcesine Più, Via Capitanato 6, Malcesine, www.malcesinepiu.it

## 12 – 14 Sirmione und der südliche Gardasee

Kontrastreich präsentiert sich der Süden mit an den See geschmiegten historischen Städtchen und dem weitgehend ebenen Hinterland.

### SEHENSWERT/MUSEUM

**12 Gardas** hübsche Altstadt steht im Schatten einer knapp 300 m hohen Rocca. Herrschaftliche Villen prägen das Ortsbild. **13 Bardolino** ist Namensgeber des gleichnamigen Rotweins und Ausgangspunkt für die Strada del Vino Bardolino zu Kellereien in der Umgebung. Einen Überblick über Anbau und Verarbeitung vermittelt das **Museo del Vino**, das zur Kellerei Zeni gehört (Via Costabella 9, www.museodel vino.it). **14 Sirmione** gehört zu den Highlights im Süden. Schon das Entrée mit dem bestens erhaltenen **Skaligerkastell** ist sehr imposant. Durch die malerische Altstadt mit vielen Läden und Restaurants geht's an die Nordspitze zur römischen Palast- und Thermenanlage (beide Nov.–März Di.–Sa. 8.30–17.00, So. 8.30–14.00, Sommer Di.–Sa. 8.30–19.30, So. 9.30–18.30 Uhr).

### RESTAURANT

Hausgemachte Pasta, frischer Fisch und perfekt abgeschmeckte *sughi* machen das Essen im €€€€ **La Fiasca** zum Genuss (Via Sta. Maria Maggiore 11, Sirmione, Tel. 030 9 90 61 11, www.trattorialafiasca.it). Fast intim wirkt €€€ **Il Giardino delle Esperidi** (Via Goffredo Mameli 1, Bardolino, Tel. 045 6 21 04 77; exzellente Speise- und Weinauswahl. Das €€€ **Hotel Remat** ist ein zauberhaftes Haus im Zentrum mit gutem Restaurant (Piazza Catullo 10, Garda, Tel. 045 6 27 04 48, www.hotelremat.it). Direkter Seezugang und ein Olivenhain zeichnen das €€ **Al Molino** aus. Moderne, geschmackvolle Zimmer und ein üppiges Frühstück machen den Aufenthalt perfekt (Via Gardesana 382, Campagnola/Malcesine, Tel. 045 7 40 02 99, www.hotelalmolino.com).

### UMGEBUNG

Südöstlich von Bardolino konkurrieren Freizeitparks um die Gunst der Besucher: **Gardaland** mit Karussells, Achterbahnen, Shows ist stark an seinem Vorbild Disneyland orientiert (www.gardaland.it), **Caneva World** mit Riesenrutschen-Aquapark, **Movieland** mit Stuntshows und einem Mittelalterdinner-Spektakel (www.canevaworld.it) sowie **Parco Natura Viva**, in dem Sie auf Safari fahren und wilde Tiere beobachten können (www.parconaturaviva.it)

INFORMATION
I.A.T. Sirmione, Viale Marconi 8, Tel. 0303 74 87 21, www.provincia.brescia.it

**DuMont Aktiv**

# Der besondere Kick

**Die schmale, nördliche Hälfte** des Gardasees wird bei Aktivreisenden immer beliebter. Angefangen hat die wassersportliche Karriere von Orten wie Torbole, Riva oder Arco mit den Seglern. Dann entdeckten Wind- und Kitesurfer das windbeständige Revier.

**An Torboles Lido** stapeln sich im „Circolo Surf" die Surfbretter. Männer und Frauen in Neoprenanzügen warten auf den Instruktor, der sie in die Grundregeln des Windsurfens einweisen wird. Im flachen Wasser der Bucht drehen Anfänger ihre wackeligen Runden, während weiter draußen die Erfahrenen geschickt über das Wasser gleiten. Der Spot, so die italienische Tageszeitung *La Stampa*, zählt nach Maoui auf Hawaii und der Kanareninsel Fuerteventura zu den drei besten Windsurfrevieren der Welt! Kein Wunder, dass der in den 1970er-Jahren noch als Geheimtipp gehandelte nördliche Gardasee heute Windsurfer aus aller Welt anzieht.

**Das Circolo hat viele Konkurrenten**, darunter die deutschsprachige Basis Wwwind nahe Malcesine. Und hier wird nicht nur gesurft: Instruktor Kai führt gerade seinen Schnupperkurs im Kiteboarding aufs Wasser, während drei Jugendliche ein Stück weiter ihre SUP-Boards (Stand up Paddling) in Richtung Punta San Vigilio paddeln. Auch Segelboote und Katamarane gehören zum Fuhrpark der Basis.

**Auf einen Blick**

Ein Versuch lohnt sich! Windsurfen ist gar nicht so schwer und macht riesigen Spaß!

**Circolo Surf,** Via della Lova, Torbole, Tel. 0464 50 53 85, www.circolosurftorbole.com

**Wwwind,** Via Gardesana Nord 374, Malcesine, Tel. 045 7 40 04 13, www.wwwind.com

Die spannendsten Verkostungen

# Im Reich der (Wein- und Öl-) Genüsse

Wein und Oliven allerorten – die Region der Oberitalienischen Seen ist mit den Gaben der Götter gesegnet, an Verkostungsangeboten herrscht kein Mangel. Dürfen wir Ihnen unsere Favoriten vorstellen? Traditionalisten sind darunter und Visionäre, einfache Botteghe, futuristisch-elegante Kellereien, Genossenschaften und Einzelkämpfer. Allen gemeinsam ist das Motto: Qualität geht über alles.

## ① Leicht und fruchtig

Konkurrenz belebt das Geschäft, kann aber auch ganz schön anstrengend sein. Deshalb ziehen es die im Consorzio Olivicoltori di Malcesine zusammengeschlossenen mehr als 500 Olivenbauern vor, an einem gemeinsamen Strang zu ziehen. Zusammen produzieren und vermarkten sie *el nos oio*, „unser Öl" also, wie es im lokalen Dialekt heißt, von mehr als 70 000 Bäumen. Diese wachsen an den Hängen der Kommune Malcesine, im nördlichen Teil des Sees. Lage, Erde und Klima verleihen dem mit dem Gütesiegel D.O.P. geadelten Ölivenöl eine besonders leichte, fruchtige Note, von der man sich im Laden der Genossenschaft oder auch bei einer Führung durch die Ölmühle überzeugen kann.

Consorzio Olivicoltori di Malcesine, Via Navene 21, Malcesine, Tel. 045 7 40 12 86, www.oliomalcesine.it, Führung und Verkostung Fr. 9.30 Uhr

## ② Purismus pur

Die Olivenhaine und Weinpflanzungen in den Moränenhügeln um Puegnago del Garda bewirtschafteten die Vorfahren von Familie Comincioli bereits seit dem 16. Jahrhundert. Erfahrung paart sich bei diesem Gut mit der ständigen Bereitschaft zur Innovation, ohne dabei die Tradition aus dem Auge zu verlieren. So verdankt einer von Cominciolis ungewöhnlichsten Weinen, der Perlì, seine besondere mineralische Note zwei lokalen, fast in Vergessenheit geratenen Rebsorten, Erbamat und Trebbiano Valtenesi, welche die Familie in den letzten 30 Jahren nachgezüchtet hat. Autochthone Sorten prägen auch die D.O.P.-Öle wie das schon vielfach preisgekrönte *Numero Uno*, die in puristisch gestalteten Flakons dargeboten werden – als handle es sich um kostbarste Parfums.

Azienda Agricola Comincioli, Via Roma 10, fraz. Castello, Puegnago del Garda, Tel. 065 11 41, www.comincioli.it, Besichtigung und Verkostung nach telefonischer Anmeldung Mo.–Sa. 9.30–12.00 und 14.30–19.00 Uhr

## ③ Leidenschaften, glasweise

In Brescias schmaler Via dei Musei verbirgt sich ein Geheimtipp für Weinliebhaber und Freunde der italienischen Aperitivo-Leidenschaft. In der winzigen, mit Weinregalen vollgestellten Bottega, von deren Decke duftende Schinken hängen, haben nur wenige Tischchen Platz, doch was da serviert wird, kann sich mit Feinschmeckerlokalen messen: Salami, Prosciutto, diverse Käsesorten, Tramezzini, Bruschette und dazu die besten Weine der Region.

Bottega del Garzone, Breschia, Via dei Musei 21a, Tel. 030 2 40 00 59, http://bottegadelgarzone.blogspot.ie, tgl. ab 18.00 Uhr

### 5 Spitzentropfen

Im Valtellina sind es die auf die Südhänge strahlende Gebirgssonne, das die Wärme reflektierende Gestein, die in Jahrhunderten aufgeschütteten Terrassen, auf denen die Reben stehen, und nicht zuletzt die sehr mühevolle und viel Idealismus erfordernde Handarbeit der Winzer, die einen prachtvollen Nebbiolo hervorbringen. Einer der ungewöhnlichsten Weinkeller im Valtellina ist Ar.Pe.Pe., denn er wurde am Fuß der Rebhänge tief in den Berg gegraben. Die letzten Sonnenstrahlen des Herbstes verleihen dem DOCG-Wein Sasella Ultimi Raggi seinen besonderen mineralischen Duft nach getrockneten roten Beeren und einen unnachahmlich würzigen Geschmack. Ein Meisterwerk – zu besichtigen nach Voranmeldung.

Ar.Pe.Pe., Via Buon Consiglio 4, Sondrio, Tel. 0342 21 41 20, www.arpepe.com

### 4 Vom Spumante zur Kunst

Maurizio Zanelli war gerade mal 15 Jahre jung, als er beschloss, sein Leben den perlenden Weinen der Franciacorta zu widmen. Ohne ihn hätten die Schaumweine vom Iseosee niemals eine so steile Karriere hingelegt; das bescheinigte dem leidenschaftlichen Winzer sogar der Weinpapst Luigi Veronelli. Seit den Anfängen in den 1970er-Jahren gewann Zanelli viele Preise, nicht nur für den „lombardischen Champagner", wie der Franciacorta-Spumante gern genannt wird, sondern auch für seine Weißen und Roten. Den perfekten Wein zu kultivieren, das ist in Zanellis Augen vergleichbar mit dem Talent, Skulpturen zu formen, weshalb er Kantine und Weingärten mit Werken zeitgenössischer Bildhauer schmückt. Selbst das bronzene Tor zu seinem Gut ist Kunst.

Ca' del Bosco, Via Albano Zanella 13, Erbusco, Tel. 030 7 76 61 11, www.cadelbosco. com, Besichtigung für Gruppen ab 6 Personen nach Voranmeldung Mo.–Fr. 9.00 bis 12.30, 14.00–18.00, Sa./ So. 9.00–17.00 Uhr

### 6 Rassig & gut

Valtenesi – so heißen die Moränenhügel am Westufer des Gardasees über dem Golf von Salo. Früher, so berichtet Alessandro Luzzago vom Weingut Le Chiusure, war die ganze Region ein großes Weinanbaugebiet; heute sind viele Rebflächen Ferienhäusern zum Opfer gefallen. Dieser Entwicklung stemmen sich Alessandro und Paola seit dem Jahr 2000 entgegen: Auf ihrem Gut keltern sie mittlerweile vier Weine, darunter einen spritzigen DOC-Chiaretto und den eigenwillig-rassigen Malborghetto aus Rebo- und Merlottrauben.

Le Chiusure, Via Boschette 2, San Felice del Benaco, Tel. 0365 62 62 43, www. lechiusure.net, April–Sept. Mi. 18.00 –19.00 Uhr

### 7 Fortschritt und Tradition

Lisetta und Niccolo Lucchini haben das Winzer-Handwerk von der Pike auf gelernt – bei einem Frater des Franziskanerklosters in Lugano. Eine solche Tradition verpflichtet – das riecht und schmeckt man dann auch bei jedem Schluck ihres fantastischen Moncucchetto Merlot und der anderen Weine aus ihrer Cantine. Gestaltet wurde diese von dem Tessiner Stararchitekten Mario Botta als futuristischer, sich an den rohen Fels lehnender dreistöckiger Betonbau, in dem man übrigens nach Voranmeldung auch ganz hervorragend speisen kann.

Fattoria Moncuchetto, Via Crivelli 29, Lugano, Tel. 0919 67 70 60, www.moncucchetto.ch

*Oben: zwischen Bardolino und Garda (Gardasee).
Rechts oben: Naturfelstunnel zwischen Nago
und Torbole (Gardasee). Darunter: Kochkurs
auf einem Weingut bei Gargnano (Gardasee).*

# Service

*Praktische Informationen für die Reise und einiges
Wissenswerte über die Region der Oberitalienischen
Seen haben wir hier für Sie zusammengentragen.*

## Anreise

**Mit dem Auto:** Der schnellste Weg an die östlichen Oberitalienischen Seen führt von Süd-
deutschland aus über die Brenner-Autobahn
A22 an den Gardasee bzw. über die A4 weiter
nach Brescia. An den Lago Maggiore, Lago di
Como sowie nach Bergamo und Mailand verläuft die kürzeste Route auf der A96 bis Lindau/
Bodensee und weiter auf der A13 durch die
Schweiz. Von Österreich kommend bietet sich
die Anfahrt über die Brennerautobahn bis zum
Gardasee und die A4 weiter in Richtung Mailand
an. Von Zürich folgen Sie der A2 nach Mailand.
Alle Strecken in Österreich, Italien und der
Schweiz sind mautpflichtig.
**Mit der Bahn:** Mit der Bahn erreichen Sie Verona von München aus mit dem mehrmals täglich abfahrenden EC; von Verona ist die Weiter-
fahrt nach Peschiera del Garda, Brescia, Bergamo und Mailand möglich (www.bahn.de). Von
Wien aus ist die Fahrt nach Milano mit mehr-
maligem Umsteigen verbunden (www.oebb.at),
von Zürich gibt es Direktzüge (fahrplan.sbb.ch).
**Mit dem Bus:** Verschiedene Anbieter wie Euro-
lines (www.eurolines.de, http://meinfernbus.de)
haben Busreisen im Programm. Angefahren
werden in der Regel italienische Metropolen
wie Verona oder Mailand.
**Mit dem Flugzeug:** Linienflüge von Lufthansa/
Air Dolomiti verbinden München und Frank-
furt/M. mit Mailand/Bergamo und Verona
(www.airdolomiti.de). Von Wien aus fliegen
Austrian/Tyrolean Airlines und Niki in die nord-
italienischen Städte (http://de.austrian.com,
www.flyniki.com). Charterverbindungen (u.a.
Air Berlin, eurowings und tuifly) gibt es von
mehreren deutschen Städten nach Verona und
Mailand (www.airberlin.com, www.eurowings.
com, www.tuifly.com).

## Auskunft

**Internet:** www.enit.it (Italien), www.turismo.
regione.lombardia.it (Lombardei), www.myswit
zerland.com (Schweiz), www.ticino.ch (Tessin)
In Deutschland: Barckhausstraße 10, 60325
Frankfurt am Main, Tel. 0049 69 23 74 34, frank
furt@enit.it (auch zuständig für die Schweiz)
**In Österreich:** Mariahilferstraße 1b/XVI, A-
1060 Wien, Tel. 0043 1 5 05 16 39, vienna@enit.it

## Autofahren, Bahn & Bus

**Italien:** Das Tempolimit auf Autobahnen beträgt 130 km/h, auf Schnellstraßen 110 km/h,
auf Landstraßen 90 km/h, innerorts 50 km/h.
Außerhalb geschlossener Ortschaften muss
auch tagsüber das Abblendlicht eingeschaltet
werden. Telefonieren ist nur mit einer Freisprechanlage oder Kopfhörern erlaubt, das
Mitführen von Warnwesten und deren Anlegen
im Falle einer Panne oder eines Unfalls ist
Pflicht. Die Promillegrenze beträgt 0,5. An gelb
oder schwarz-gelb markierten Bordsteinen
oder Stellflächen ist das Parken verboten.
**Schweiz:** Tempolimit auf Autobahnen 120 km/h,
auf Schnellstraßen 100 km/h, auf Landstraßen
80 km/h und innerhalb von Ortschaften 50 km/h.
Auch tagsüber muss stets mit Abblendlicht ge-
fahren werden. Telefonieren ist nur mit einer
Freisprechanlage oder Kopfhörern erlaubt, das
Mitführen von Warnwesten und deren Anlegen
im Falle einer Panne oder eines Unfalls ist Pflicht.
Die Promillegrenze beträgt 0,5. An gelb markier-
ten Bordsteinen gilt Halteverbot.
**Das öffentliche Verkehrsnetz** verbindet
auch kleinere Ortschaften miteinander. Mit den
Regionalbahnen von Trenord erreichen Sie von
Brescia, Bergamo und Milano aus Ziele am Co-

mer-, Luganer See und Lago Maggiore (www.
trenord.it). Von und in die Schweiz pendeln die
Bahnen von TILO (www.tilo.ch). Unter www.
muoversi.regione.lombardia.it bekommen Sie
in deutscher Sprache Auskunft zu allen Ver-
kehrsverbindungen, von Bahn über Bus bis
zum Schiff. Das Schweizer Pendant finden Sie
unter www.ti.ch, allerdings nur in Italienisch.

## Camping

Wildes Campen ist sowohl in Italien als auch in
der Schweiz verboten. Komfortable Camping-
plätze gibt es an allen Oberitalienischen Seen;
besonders große Anlagen sind am südöstlichen
Gardasee zu finden. Einen Überblick über Ausstattung, Lage und Preise bieten internationale
Campingführer, die teils auch online eingese-
hen werden können. Auf den Seiten des Tessiner Fremdenverkehrsamtes wird eine Auswahl
der über 40 Plätze im Tessin mit weiterführenden Links beschrieben.

## Essen und Trinken

**Speisen:** Bäuerliche, einfache Küche trifft im
Gebiet der Oberitalienischen Seen auf verfei-
nerte großstädtische Traditionen, in denen mediterraner wie österreichischer Einfluss durch-
schimmert. Stark prägend sind das jahreszeit-
liche wie das regionale Element: Herbst und
Winter gehören ganz der Pilz- und Wildküche;
*bresaola* (luftgetrockneter Rinderschinken) aus
dem Valtellina, *orzata* (Gerstensuppe) aus dem
Onsernonetal, *castagnaccio* (Maronenkuchen)
aus dem Piemont und die Tessiner *busecca*
(Kuttelsuppe) bereichern auch das Angebot
guter Restaurants in anderen Regionen.

*Runde Sache: Pizzabäcker im Hotel Sole in Riva del Garda am Gardasee.*

An den Seen steht Süßwasserfisch ganz oben auf der Speisekarte. Prägend sind zudem zwei Sorten von Hülsenfrüchten: Reis und Mais. Ersterer wird zu einer Fülle verschiedener *risotti* verarbeitet, zum Beispiel mit Steinpilzen *(porcini)*, mit Safran, aber auch mit Meeresfrüchten oder feinem Kalbfleisch. Die früher aus Hirse, inzwischen aus Maismehl zubereitete polenta ist in ländlichen Gebieten noch ein Grundnahrungsmittel, das wie Nudeln begleitet wird von verschiedenen Saucen. Die einfachste Variante, Polenta mit Olivenöl, Speck, Wurst, Gorgonzola oder Pilzen, findet man häufig auf den Karten der „Grotti" genannten Tessiner Weinlokale. Ein typisches Antipasto – rustikaler in den Grotti, etwas feiner in den Restaurants – besteht aus einer Aufschnittplatte mit Salami, *pancetta* (Bauchspeck) und Mortadella, die hier aus mit Leber vermischtem Schweinefleisch zubereitet wird. Die meisten Käsesorten wie der *zincarlin* sind sehr aromatisch; Spezialität der Lombardei ist der Gorgonzola. Schwein, Rind und *capretto* (Zicklein) finden sich in verschiedenen Zubereitungsformen auf den Speisekarten, im Herbst ergänzt durch Wild wie *quaglio* (Wachtel), *faraone* (Fasan), *capriolo* (Reh) oder *coniglio* (Kaninchen). Das lombardische Pendant zum Wiener Schnitzel ist die *cotoletta milanese*, die aus einem Kalbfleischkotelett mit Knochen bestehen sollte und paniert wird. Aus den Seen und Flüssen kommen Forellen, Barsche und missoltit (in Essig marinierter Trockenfisch). Auch Ravioli werden gern mit Fisch gefüllt.
Die bekannteste Süßspeise der Region ist der *panettone*, ein luftiger Hefeteigkuchen mit kandierten Früchten, der traditionell zu Weihnachten gegessen wird.
**Getränke:** Wein allerorten. Obwohl oder vielleicht gerade weil die Seen zumeist von hohen Bergriegeln umgeben sind, gedeihen hier feine Tropfen: Chiaretto, Bardolino und Lugana sind am Gardasee zu Hause. Im Tessin setzen die Winzer zumeist auf den vollmundigen Merlot, nur die Weinbauern des Valtellina pflegen auf ihren steilen Terrassen die Nebbiolo-Traube. In der Region zwischen Brescia und Gardasee perlt der Franciacorta nach traditionellem Champagnerverfahren. Aber auch das Bierbrauen hat Tradition: Mailand ist Sitz der alteingesessenen Birra Dreher, die aber heute einem internationalen Konzern gehört.
**Essenszeiten:** Nach italienischem Brauch nimmt das Frühstück *(piccola colazione)* keine

große Rolle ein. Wichtiger ist ein ausgiebiges Mittagessen *(pranzo)*. Viele Restaurants offerieren günstige Mittagsmenüs. Zum Abendessen gibt es in den Familien oft nur noch ein kleineres Gericht. Die meisten Restaurants sind tagsüber zwischen 11.30 und 14.30 für das Mittagessen und dann wieder abends ab 19.00 Uhr geöffnet.

## Feiertage und Feste

An den Seen findet eine Vielzahl von Kulturveranstaltungen statt, angefangen mit *Pasqua in città* in Luganos Altstadt (Verkauf regionaler Spezialitäten und Lebensmittel am Osterwochenende) über den *Antiquitätenmarkt* (Ende Mai/Anfang Juni) sowie das *Filmfestival* (Mitte

August) in Locarno bis hin zum *Musikfestival* in Como (erste Julihälfte) oder der *Regatta Centomiglia* Anfang September am Gardasee. Mailand macht mit seinen vier *Modemessen* Furore, sorgt aber auch mit Märkten wie dem farbenprächtigen Blumenmarkt *Mercato dei Fiori* (April) am Naviglio Grande oder dem *Oh Bej! Oh Bej!*, einem weihnachtlichen Markt zu Ehren des S. Ambrogio (7. Dez.), für bunte Unterhaltung. Bergamo feiert mit Aufführungen von Werken Gaetano Donizettis (*L'elisir d'amore*, *Lucia di Lammermoor*) und anderer Komponisten im September und Oktober ein *Festival Musica*.

Die folgenden staatlichen und kirchlichen Festtage sind Ruhetage:
*Lombardei/Piemont/Trentino/Veneto:* 1. Jan. (Neujahr), 6. Jan. (Heilige Drei Könige), Ostermontag, 25. April (Tag der Befreiung), 1. Mai (Tag der Arbeit), 2. Juni (Tag der Republik), 15. Aug. (Maria Himmelfahrt), 1. Nov. (Allerheiligen), 7. Dez. (S. Ambrogio), 8. Dez. (Tag der Unbefleckten Empfängnis), 25. Dez. (Weihnachten), 26. 12. (S. Stefano).
*Tessin:* 1. Jan. (Neujahr), 6. Jan. (Heilige Drei Könige), 19. März (St. Joseph), Ostermontag, 1. Mai (Tag der Arbeit), Christi Himmelfahrt, Pfingstmontag, Fronleichnam, 29. Juni (St. Peter u. Paul), 1. Aug. (Nationalfeiertag), 15. Aug. (Maria Himmelfahrt), 1. Nov. (Allerheiligen), 8. Dez. (Tag der Unbefleckten Empfängnis), 25. Dez. (Weihnachten), 26. 12. (Stephanstag).

**Info**

## Daten & Fakten

**Geografische Lage:** Das Gebiet der acht Oberitalienischen Seen reicht vom Gardasee mit Verona im Osten bis zum Lago Maggiore mit Mailand im Westen und vom Schweizer Südtessin mit Locarno und Lugano im Norden bis zu den Städten Brescia und Bergamo. In der Antike wurde dieses Gebiet von den Insubrern (lat. *Insubri*) besiedelt, weshalb man auch von den *Insubrischen Seen* spricht. Verwaltungstechnisch ist die Region in den Kanton Ticino (Schweiz) sowie die Regionen Piemont, Lombardei, Trentino und Veneto (Italien) gegliedert.
**Bevölkerung:** In der Lombardei, dem Kern der in diesem Band beschriebenen Region, leben rund 9,9 Mio. Menschen. Die Bevölkerungsdichte ist mit 418 Einw./km² hoch. Der Ausländeranteil erreicht in den Großstädten wie Mailand oder Brescia 15 bis 20 % und beträgt für die gesamte Lombardei rund 11 %. Vorherrschend ist der katholische Glaube.
**Wirtschaft:** Italien ist Gründungsmitglied der Europäischen Gemeinschaft und Mitglied der G7-Länder. Die Lombardei gehört zu den wirtschaftsstärksten Regionen des Landes. Ihr BIP liegt bei 22 % des gesamtitalienischen Werts. Die Arbeitslosenzahl ist mit rund 8 % gemessen an 11,5 % für ganz Italien recht

niedrig. Die wichtigsten Wirtschaftsfaktoren sind Industrie (34 %) und Dienstleistung (65 %). Trotz der großen Ackerflächen in der Poebene trägt die Landwirtschaft mit nur 1 % zum BIP bei.
**Naturraum:** Der Naturraum leitet von den Südalpen mit den über 3000 m hohen Gipfeln der Bergamasker Alpen und der über 3900 m hohen Ortlergruppe zur Poebene über. Den Alpen vorgelagert sind die lombardischen Voralpen, ein aus Sedimenten aufgebautes Gebirge. Die drei großen (Gardasee, Lago Maggiore, Comer See) und fünf kleinen (Iseosee, Luganersee, Ortasee, Lago di Varese, Idrosee) Seen bildeten sich durch das Abschmelzen eiszeitlicher Gletscher, die aus den Bergen weit ins Vorland vordrangen, wo sie sogenannte Zungenbecken hinterließen – die heutigen Seen. Po und Adda (Etsch) bilden auf italienischem, Ticino auf Schweizer Gebiet die wichtigsten Flüsse. Vegetation und Tierwelt sind sowohl von hochalpinen wie subtropischen Einflüssen geprägt. Während in den Bergen Lärchen und Fichten in den Hochlagen von Wäldern aus Kastanien, Buchen und Eichen in mittleren Lagen abgelöst werden, gedeihen in den geschützten Lagen an den Seen auch mediterrane Pflanzen.

*Fashion Week in Mailand: „Niemals jemanden imitieren, immer ehrlich zu sich selbst sein und sich treu bleiben. Das ist die wichtigste Regel im Leben und in der Mode."*
*(Roberto Cavalli)*

*Der Schweizer Tuchhändler Arthur Scherrer erfüllte sich in den 1930er-Jahren am Luganer See mit dem nach ihm benannten Parco Scherrer einen Traum.*

## Freizeitparks

Drei große Freizeitparks befinden sich südöstlich des Gardasees: Zu **Gardaland** gehören neben verschiedenen Fahrgeschäften ein Sea Life Aquarium und ein Hotel (Via Derna 4, Castelnuovo del Garda, Tel. 045 6 44 97 77, www.gardaland.it), **Caneva World** besteht aus einem Aquapark und dem Movieland mit Stuntshows (Località Fossalta 58, Lazise sul Garda, Tel. 045 6 96 99 00, www.canevaworld.it). Im **Parco Natura Viva** gehen die Besucher auf Safari (Loc. Figara 40, Bussolengo, Tel. 045 7 17 01 13, www.parconaturaviva.it).

## Geld

Währung im Ticino ist der Schweizer Franken zu je 100 Rappen (1 CHF = 0,90 €); in den grenznahen Regionen zu Italien kann man überall mit dem Euro bezahlen. Es gibt viele Geldautomaten, an denen man mit EC- oder Kreditkarte Geld abheben kann (Gebühren beachten).

## Gesundheit

Besondere Gesundheitsrisiken bestehen nicht. Die medizinische Versorgung ist überall gesi-

**Info**

# Geschichte

**ab 6000 v.Chr.:** Felsgravuren im Val Camonica zeugen von der Besiedlung durch das jungsteinzeitliche Volk der Camunen.
**ab 1500 v.Chr.:** Ligurer lassen sich zwischen Poebene und Mittelmeerküste nieder.
**ab 5. Jh. v.Chr.:** Einwanderung von keltischen Volksgruppen.
**ab 200 v. Chr.:** Römische Eroberung und Gründung von Siedlungen wie Como *(Novum Comum)*, Brescia *(Brixia)* oder Mailand *(Mediolanum)*.
**5.–8. Jh.:** Nach dem Zerfall des römischen Reiches übernehmen germanische Gruppen die Herrschaft; auf West- und Ostgoten folgen Langobarden, die Pavia im Jahr 572 zur Hauptstadt ihres Reiches erklären.
**774:** Karl der Große (747–814) erobert das Langobardenreich und wird 800 vom Papst zum Kaiser des Heiligen Römischen Reiches gekrönt.
**11./12. Jh.:** Soziale Spannungen in den Städten und Aufstände gegen den Kaiser erschüttern die Region. Verona untersteht kaisertreuen Skaligern; in Mailand kämpfen Ghibbelinen (kaiserliche) und Guelfen (päpstliche) um die Vorherrschaft. Viele Städte agieren als autonome Republiken.
**1291:** Der Rütlischwur begründet die Schweizer Eidgenossenschaft.
**13./14. Jh.:** Stauferkönig Friedrich I. Barbarossa (um 1122–1190) versucht die Kontrolle über die Städte zurückzugewinnen, scheitert

aber nach ersten Erfolgen am Lombardischen Bund, zu dem sich die Kommunen zusammengeschlossen haben. Friedrich II. (1194–1250) kann die Region ebenfalls nicht unterwerfen.
**14./15. Jh.:** Auf die Sforza folgend übernehmen die Visconti von Mailand aus die politische Macht. Auch Venedig erhebt Herrschaftsansprüche. Bergamo, Brescia und Verona begeben sich unter den Schutz der Serenissima.
**Ende des 15. Jh.s:** Unter „El Moro" Sforza (1452–1508) wächst Mailand zur bevölkerungsreichsten Stadt Europas. Der Herzog führt die Seidenraupenzucht ein und legt so die Grundlage für den Wohlstand von Mailand und Como.
**16. Jh.:** Ein Konflikt zwischen spanischen und französischen Habsburgern endet mit dem Sieg der Spanier, die eine Schreckensherrschaft über die Lombardei errichten.
**18. Jh.:** Österreicher lösen die Spanier ab. Unter Maria Theresia kommt es zu einem Ausbau der Infrastruktur und zur Öffnung der Schulen und Universitäten.
**1796:** Napoleon erobert Oberitalien und gründet die Republik Cisalpina. Die Eidgenossenschaft gliedert er in 19 Kantone, darunter das nach dem Hauptfluss benannte Ticino. 1815 stellt der Wiener Kongress die Lombardei wieder unter österreichische Herrschaft; die Schweiz gewinnt ihre Neutralität.
**1827:** Ausbau der Straße über den Gotthard.

**1861:** Die italienische Bewegung des Risorgimento vertreibt unter Giuseppe Garibaldi mithilfe Frankreichs und des Königreichs Sardinien die Österreicher. Gründung des Königreichs Italien.
**1882:** Die Eisenbahn durch den Gotthard-Tunnel nimmt ihren Betrieb auf; das Tessin erlebt einen wirtschaftlichen Aufschwung.
**Erste Hälfte des 20. Jh.s:** Beide Weltkriege richten Verwüstungen an; im Ersten Weltkrieg werden auch auf dem Gebiet des Trentino westlich des Gardasees erbitterte Gebirgsschlachten geschlagen. Nach Mussolinis Sturz 1943 wird der Diktator 1945 am Comer See von Partisanen gefangen genommen und hingerichtet.
**ab 1946:** Nach der Gründung der Republik Italien entwickelte sich das nördliche Italien, allen voran die Lombardei, zum wirtschaftlichen Motor des Landes. In mehreren Abschnitten wird der Gotthard-Tunnel weiter ausgebaut.
**Ab den 1990er-Jahren:** Es kommt zum Aufstieg der Rechtspopulisten der Lega Nord, die sich mit Silvio Berlusconis Forza Italia verbinden und mehrere Koalitionsregierungen stellen.
**2015:** In Mailand findet die Expo statt.
**2016:** Verona feiert Shakespeares 400. Todestag mit dem Jahr „Verona in Love". Im Dezember sollen die ersten Züge durch den Gotthard-Basistunnel fahren können – mit 57 km der längste Eisenbahntunnel der Welt.

chert, Kliniken und Apotheken mit Notdiensten finden Sie in größeren Orten. Hilfe bekommen Sie über die internationale Notfallnummer 112.

## Kinder

Unter den vielen kindergerechten Angeboten bieten *Swissminiatur* bei Melide (www.swiss miniatur.ch) oder die Freizeitparks am Gardasee Unterhaltung für die ganze Familie. Eine spannende Herausforderung für ältere Kinder ist der Hochseilpark *Parco avventura Busatte* bei Torbole. Sportschulen vor allem rund um den Gardasee haben meist auch Kinderkurse (Surfen, Segeln, Mountainbikefahren etc.) in ihrem umfangreichen Angebot.

## Öffnungszeiten

Banken sind in der Regel Mo.–Fr. 8.30–13.30 und 14.15–15.45 geöffnet; Postämter Mo.–Fr. 8.15–13.30, Sa. bis 12.00 Uhr; Geschäfte Mo. bis Fr. 9.00–12.30 und 15.30–19.30 Uhr. Große Supermärkte machen keine Mittagspause, bleiben abends länger, oft bis 22.00 Uhr geöffnet sowie auch am Sonntagvormittag. Restaurants machen nachmittags meist eine längere Pause; einige öffnen nur abends.

## Rad fahren

Italiener sind begeisterte Sport-Fahrradfahrer und an den Wochenenden oft in größeren Gruppen vor allem in der flachen Poebene unterwegs. Im gebirgigen Gelände um die Seen kommen besonders Mountainbiker auf ihre Kosten. In vielen Regionen sind Routen unterschiedlicher Schwierigkeitsgrade für Radfahrer ausgewiesen; Beschreibungen gibt es bei den Tourismusbüros. In Mailand bietet *MilanoBi* Fahrräder an Stationen im gesamten Stadtgebiet im Bikesharing an (www.bikemi.com).

## Reisezeit

Am Schnittpunkt von Alpen und Poebene beeinflussen verschiedene Klimafaktoren das Wetter. Teile der Region fallen unter das insubrische Klima der Südalpen mit starken Niederschlägen, aber auch einer sehr hohen Zahl von Sonnenstunden. Als Faustregel gilt: Obwohl die Berge so nah sind, sind die Temperaturen milder als in Mitteleuropa; das Thermometer fällt auch im Winter selten unter den Gefrierpunkt. Im Frühjahr und Herbst ist mit häufigem Regen und Morgennebel zu rechnen. Die Sommer sind warm, jedoch selten zu heiß und trocken.

## Restaurants

Die Preise im Tessin und in Mailand liegen deutlich über dem italienischen Durchschnitt. Eine Besonderheit sind die rustikalen *grotti* (Dumont-Thema S. 68) mit Spezialitäten aus

---

der Region. Restauranttips finden Sie auf den jeweiligen Infoseiten.

## Preiskategorien

| | | |
|---|---|---|
| € € € € | Hauptspeisen | 35 CHF/30 € |
| € € € | Hauptspeisen | 23 –35 CHF/ 20 –30 € |
| € € | Hauptspeisen | 14 –23 CHF/ 12 –20 € |
| € | Hauptspeisen | 14 CHF/12 € |

## Schifffahrten

Auf dem Lago Maggiore, Lago di Como und Lago di Garda verkehren Schiffe der italienischen Gesellschaft Navigazione Laghi (www.navigazionelaghi.it). Die aktuellen Fahrpläne für den Luganer See können Sie online einsehen auf www.lakelugano.ch.

## Souvenirs

Kulinarische Mitbringsel wie Olivenöl, Salami, Pancetta, Käse, Risotto-Reis und Pasta bekommen Sie in guter Qualität in den meist hervorragend sortierten großen Supermärkten. Allerdings macht das Einkaufen auf einem Markt oder in einer Enoteca, in der man kompetent beraten wird, mehr Spaß. In Souvenirgeschäften oder an -ständen lässt man besser die Fin-

---

ger von regionalen Spezialitäten; sie sind selten ihren Preis wert. Weinstraßen wie die des Valtellina, der Franciacorta oder des Bardolino führen zu Winzern, bei denen Interessierte verkosten und zu günstigeren Preisen einkaufen können. In der Stadt der Mode sind die italienischen Designer Ziel Nummer eins; günstiger bekommt man Mailänder Mode im Designer Outlet (s. Tipp S. 54). Gleiches gilt für Sportartikel und -bekleidung. Hier ist das Städtchen Arco am Nordende des Gardasees Platzhirsch.

## Sport

**Baden:** Wegen der felsigen, teils steilen Ufer gibt es nicht viele Badestellen; einsame Buchten sind bestenfalls vom Wasser her zu erreichen. Die Strandbäder in den größeren Orten wurden unterschiedlich ausgestattet. Von der einfachen Anlage, an der man sein Handtuch im Gras ausbreitet, bis zum Beach-Resort mit luxuriösen Liegen, Restaurant und Lounge-Musik haben Wasserratten die Qual der Wahl. Vorsicht beim Baden in den Gumpen der Gebirgsbäche – die Strömung kann gefährlich sein.
**Bergsport:** Das Ticino und die angrenzenden italienischen Bergregionen sind ein Wanderparadies, die Aufstiege dort allerdings häufig sehr steil. Dank der vielerorts vorhandenen Seilbahnen lassen sich aber auch so schöne Gipfelwanderungen unternehmen. Eine Herausforderung stellt der Nationalpark Val Grande mit seiner Bergwildnis dar. Viele der zerklüfteten Gipfelgrate wie das Grigna-Massiv am Comer See sind durch gut gesicherte Klettersteige (*vie*

*Chervò Golf San Vigilio bei Peschiera am Gardasee. Wie heißt es doch so schön? – Sie müssen den Ball ansprechen!*

ferrate) erschlossen. Adrenalinlastige Sport-
arten wie Canyoning, Paragliding oder Klettern
können interessierte unter kundiger Leitung
unternehmen, beispielsweise bei *Asbest*
(Via Basilea 28, Lugano, Tel. 0041 91 9 66 11 14,
www.asbest.ch).
**Golf:** Mit drei 18-Loch-Greens im Ticino (www.
ticino.ch), weiteren zehn um den Gardasee und
mehreren Dutzend im italienischen Teil der übrigen Oberitalienischen Seen finden Freunde
des grünen Sports vielfältige Spielmöglichkei-
ten. Eine Beschreibung der Plätze mit weiterführenden Links lesen Sie online unter www.
1golf.eu/golfclubs/italien
**Wassersport:** Segeln, Wind- und Kitesurfen,
Kajak fahren, tauchen können Sie an allen
Seen. Schulen, die Kurse anbieten und Ausrüstung sowie entsprechende Kleidung verleihen,
finden Sie in den meisten größeren Orten.
**Wintersport:** Tessin, Lombardei und Trentino
warten mit zahlreichen gut erschlossenen Ski-
gebieten auf, so *Adamello Ski* am Ende des Val
Camonica mit 100 km Pisten (www.adamello
ski.com), *Valchiavenna* nördlich des Lago Maggiore mit einem neuen Snowpark (www.skiarea
valchiavenna.it) oder das winzige, aber ganz
nah an Locarno gelegene und aussichtsreiche
*Cardada Cimetta* (www.cardada.ch).
Einen Überblick über die verschiedenen Ski-
gebiete der Region mit weiterführenden Links
bietet www.bergfex.de.

## Sprache

Das Ticino gehört zum italienischsprachigen
Teil der Schweiz; die meisten im Tourismus Be-
schäftigten verstehen und sprechen hier aber
auch Deutsch. Anders ist das im italienischen
Teil der Oberitalienischen Seen, wo Italienisch-
oder Englischkenntnisse hilfreich sind. Deutsch
wird hier nur wenig verstanden. Eine Aus-
nahme macht der Gardasee, das traditionelle
Ferienziel vieler Süddeutscher. Hier kommt
man nicht nur hervorragend mit Deutsch zu-
recht – in einigen Touristenhochburgen wird
man sogar verblüfft angesehen, wenn man
sich mit ein paar Brocken Italienisch abmüht.

## Telefon/Internet

Mobiltelefone haben fast überall die alten
Festnetzanschlüsse abgelöst; Telefonzellen
sind deshalb kaum noch zu finden. Bis Mitte
2017 die Roaming-Gebühren ganz wegfallen,
ist es empfehlenswert, vor der Reise bei seinem jeweiligen Provider einen evtl. Zusatztarif
für das entsprechende Ausland abzuschließen,
um sich hohe Kosten bei Telefonaten, beim
SMS-Versand oder beim Herunterladen zu er-
sparen. Für den Internetzugang (WiFi oder Ka-
bel) werden in vielen Hotels Zusatzgebühren
erhoben. In Italien wird beim Telefonieren auch
innerorts die Vorwahl inklusive der 0 mit vor-
gewählt. In der Schweiz fällt sie weg. Landesvor-
wahl für Italien ist die 0039, für Deutschland
0049, Österreich 0043 und Schweiz 0041.

## Unterkunft

In der Region gibt es zahlreiche hochklassige
Hotels im Vier- und Fünf-Sterne-Bereich. Gute
Häuser der Mittelklasse sind nicht sehr häufig.
Das Preisniveau in der Schweiz sowie in Mailand liegt gut 20–30 % über den durchschnitt-
lichen Preisen in Norditalien. Empfehlenswert
ist ein Aufenthalt in einem Agriturismo (Ferien
auf dem Bauernhof). Diese Betriebe sind meist
sehr günstig und bieten persönliche Betreuung
sowie ein breites Freizeitangebot. Eine Über-
sicht findet sich auf www.agriturismo.it. Tipps
für die Unterkunft finden Sie auf den jeweiligen
Infoseiten dieses Bildatlanten.

## Preiskategorien

| | | |
|---|---|---|
| € € € € | DZ | über 280 CHF/250 € |
| € € € | DZ | 160–280 CHF/150–250 € |
| € € | DZ | 90–160 CHF/80–150 € |
| € | DZ | bis 90 CHF/80 € |

*Abendstimmung an der Punta San Vigilio,
einer kleinen Landzunge zwischen Garda und
Torri del Benaco am Ostufer des Gardasees.*

# Register

**Fette** Ziffern verweisen auf
Abbildungen

**A**

Abbazia di Piona 22, **62**, 74
Arco **93**, 112
Ascona **26**, 31, 35

**B**

Bardolino 95, 97, **98**, **99**, 113,
 **116**, 117, 119
Baveno 29, 36
Bellagio **12/13**, **60**, 63, **73**, 74
Bergamo **56–79**, 80, **83**, **87**, 88,
 116, 117, 118
Berzona 33, 36
Borromäische Inseln 37
Brescia **80–83**, **85**, 87, **88**, 89, 114,
 116, 117, 118

**C**

Cannobio 36
Capo di Ponte 89
Castello di Vezio 74
Centovalli **29**, 35
Cernobbio 61, **73**
Comer See 22, 29, **59**, 60, 61, **62**,
 **63**, 65, 68, 73, 118, 119
Como **58–61**, **72**, 117, 118
Crema 55
Crespi d'Adda 81

**D/F**

Desenzano **96**, 97
Franciacorta **81**, **83**, **88**, **115**, 117

**G**

Gandria 65, **66**, 85
Garda 113
Gardasee **16/17**, 23, 50, **90–101**,
 **106–109**, 112, 113, 115, **116**,
 **117**, 118, **119**, 120
Gardone Riviera 93, **94**, **95**, 112
Gargnano **95**, 112
„Grotten des Catull" 97
Grande Museo del Duomo
 (Mailand) 63

**I**

Iseo 89
Iseosee *siehe Lago d'Iseo*
Isola Bella 27, 29, 36
Isola dei Pescatori 27, 37
Isola del Garda **18/19**, 23
Isola Madre 36
Isole di Brissago 29, 36

**L**

Lago di Mergozzo 36
Lago d'Iseo **82**, **83**, 89
Lago Maggiore 8, **14/15**, **24–27**, 29,
 **30**, 31, 33, 35, 36, 37, 47, **51**, 65,
 116, 117, 119
Lazise 98

Lecco 63
Ledrosee 93, 108, 112
Limone **92**, 112
Locarno **26**, 29, 31, 33, **35**, 70,
 117, 120
Luganer See 32, 33, **56/57**, **64**, 65,
 **66/67**, 69, 74, 116, **118**, 119
Lugano **64**, **65**, 66, 67, 74, 115, 117

**M**

Madonna del Sasso **26**, 29, 35
Malcesine **92**, 95, 100, **100/101**,
 107, 112, 113, 114
Melide **56/57**, 74, 75, 119
Menaggio **63**, 74
Mendrisio 50, 68, 70
Mergozzo **30/31**,
Meride 75
Montagnola 32, 33, 75
Monte Baldo 91, 95, 106, 107,
 108, 112
Monte Brè **66**, **66/67**, 75
Monte Generoso 67, 70, 75
Monte San Giorgio 75
Monte Verità 29, 31, 33, 35, 36
Morcote **67**, 75
Museo Alto Garda (Riva del Garda) 112
Museo Archeologico (Bergamo) 87
Museo Civico d'Arte (Verona) 111
Museo Civico e Archeologico
 (Locarno) 35
Museo dei Fossili 74
Musei del Castello (Mailand) 54
Museo del Vino (Bardolino) 113
Museo Didattico della Seta (Como) 73
Museo di Santa Giulia (Brescia) **84**,
 **85**, 88
Museo Donizettiano (Bergamo) 85
Museo Hesse (Montagnola) **32**, **33**, 75
Museo Mille Miglia (S. Eufemia BS) 87
Museo Poldi-Pezzoli (Mailand) 54
Museo Teatrale alla Scala (Mailand)
 53, **54**

**N/O**

Nago-Torgole 112
Naquane 89
Orta San Giulio **24/25**, 30
Ortasee **8/9**, **24/25**, 30

**P**

Pavia 85, 118
Peschiera 119
Peschiera Maraglio 89
Punta San Vigilio 112, 113, **119**

**R/S**

Riva del Garda 75, 112, **117**
Riviera Tremezzina **60**, 63
Ronco sopra Ascona **26/27**
Salò **96**, 112, 115
Sirmione **96**, **97**, 113
Soncino 55
Stresa 27

**T**

Tegna 33, 36
Torbole 91, 93, **100**, 112, 113
Torri del Benaco 95, **100**, 112
Tremezzo **60**, **61**, 63, 75
Triennale Design Museum 54

**V**

Val Camonica **82**, 83, 89, 118
Valle delle Cartiere 107
Valle Maggia 70
Valtellina 63, 115, 116, 117, 119

Varenna **62**, **63**, 65, 74
Verbania 27, 29, 36
Verona **20/21**, 51, 77, 83, 97, 99,
 101, **102–105**, 111
Verzascatal **28**, **37**, 70
Villa Carlotta **60**, 63, 74
Villa d'Este 73
Villa Melzi 63, **73**, 74
Villa Monastero **63**, 74
Villa Olmo **58**, 73
Villa Serbelloni 63, 74
Villa Taranto **29**, **30**, 36

## Impressum

**2. Auflage 2017**
© DuMont Reiseverlag, Ostfildern

**Verlag:** DuMont Reiseverlag, Postfach 3151, 73751 Ostfildern, Tel. 0711/4502-0,
Fax 0711/4502-135, www.dumontreise.de
**Geschäftsführer:** Dr. Thomas Brinkmann, Dr. Stephanie Mair-Huydts
**Programmleitung:** Birgit Borowski
**Redaktion:** Robert Fischer (www.vrb-muenchen.de)
**Text:** Daniela Schetar und Friedrich Köthe
**Exklusiv-Fotografie:** Thilo Weimar
**Titelbild:** Markus Kirchgessner/ aif (Lago Maggiore, Cannero, Fähranleger)
**Zusätzliches Bildmaterial:** S. 7 (Topziel 4) DuMont-Bildarchiv/Ernst Wrba,
7 (Topziel 6) The Travel Library/LOOK-foto 7 (Toppziel 9) DuMont-Bildarchiv/Ernst
Wrba, 8/9 DuMont-Bildarchiv/Markus Kirchgessner, 20/21 DuMont-Bildarchiv/
Sabine Lubenow, 22 o. Hotel Concazurra, 23 o.l. Agriturismo Il Pianetto, 23 o.r.
Jan Greune/LOOK-foto, 23 u.r. Berthold Steinhilber/laif, 26/27, 32, 35 r.o. DuMont-
Bildarchiv/Florian Werner, 44 u., 48/49 (6) LOOK-Foto/Ingolf Pompe, 50 l. mauritius
images/ISP Photography / Alamy 50 r. Thilo Weimar, 51 l.o. DuMont- Bildarchiv/
Axel M. Moser, 51 r.o. Cornelis Gollhardt und Stephan Wieland/ laif, 51 u. Thilo
Weimar, 53 l. DuMont-Bildarchiv/Axel M. Moser, 53 r. Hauke Dressler/ LOOK-foto,
54 (Special) Dave Yoder/Aurora/ aif, 54 r.u. dpa-91050-KPA-TopFoto, 63 r.o.
DuMont-Bildarchiv/Axel M. Moser, 64 Mitte r., 68, 70 (3), 71 DuMont-Bildarchiv/
Florian Werner, 73 o.l. DuMont-Bildarchiv/Ernst Wrba, 73 r.u. DuMont-Bildarchiv/
Axel M. Moser, 81 o.l. age fotostock/LOOK-foto, 81 o.r. Matteo Carassale_SIME_
Bildagentur Schapowalow, 87 o. DuMont-Bildarchiv/Ernst Wrba, 88 o. DuMont-
Bildarchiv/Udo Bernhart, 104/105 DuMont-Bildarchiv/Sabine Lubenow, 111
DuMont-Bildarchiv/Michael Riehle, 114 l. Ar.Pe.Pe, 114 r. Le Chiusure, 115 o.l./r.
Thilo Weimar, 115 u. Ca' del Bosco, 116 o.r. DuMont- Bildarchiv/Michael Riehle,
116 u.r. DuMont-Bildarchiv/Axel M. Moser
*Vektorgrafiken:* iStockphoto (S. 5 und 75, 89, 113, 114), Shutterstock (22, 23, 50)

**Grafische Konzeption, Art Direktion, Layout:** fpm factor product münchen
**Cover Gestaltung:** Neue Gestaltung, Berlin
**Kartografie:** © MAIRDUMONT GmbH & Co. KG, Ostfildern
Kartografie Lawall (Karten für „Unsere Favoriten")
**DuMont Bildarchiv:** Marco-Polo-Straße 1, 73760 Ostfildern, Tel. 0711/4502-266,
Fax 0711/4502-1006, bildarchiv@mairdumont.com

Für die Richtigkeit der in diesem DuMont Bildatlas angegebenen Daten –
Adressen, Öffnungszeiten, Telefonnummern usw. – kann der Verlag keine
Garantie übernehmen. Nachdruck, auch auszugsweise, nur mit vorheriger
Genehmigung des Verlages. Erscheinungsweise: monatlich.

**Anzeigenvermarktung:** MAIRDUMONT MEDIA, Tel. 0711 450 20,
Fax 0711 45 02 10 12, media@mairdumont.com, http://media.mairdumont.com
**Vertrieb Zeitschriftenhandel:** PARTNER Medienservices GmbH, Postfach
810420, 70521 Stuttgart, Tel. 0711 72 52-212, Fax 0711 72 52-320
**Vertrieb Abonnement:** Leserservice DuMont Bildatlas, Zenit
Pressevertrieb GmbH, Postfach 810640, 70523 Stuttgart,
Tel. 0711 7252-265, Fax 0711 7252-333,
dumontreise@zenit-presse.de
**Vertrieb Buchhandel und Einzelhefte:** MAIRDUMONT
GmbH & Co. KG, Marco-Polo-Straße 1, 73760 Ostfildern,
Tel. 0711 45 02 0, Fax 0711 45 02 340
**Reproduktionen:** PPP Pre Print Partner GmbH & Co. KG, Köln
**Druck und buchbinderische Verarbeitung:**
NEEF + STUMME premium printing GmbH & Co. KG, Wittingen,
Printed in Germany

*Eine von Berlins Vorzeigeansichten, der Blick auf Bode-Museum und Fernsehturm im Hintergrund.*

*Vor der Kulisse des Rijksmuseum in Amsterdam lässt sich bei Sonnenschein herrlich verweilen.*

## Niederlande

### Pulsierende Metropolen
Den Haag, Rotterdam und vor allem Amsterdam imponieren mit eindrucksvollen Altstädten und herausragender moderner Architektur, vor allem aber mit einer quicklebendigen Szene.

### Freiheit in einem kleinen Land
Tolerante Drogenpolitik, aber auch viele Stimmen für Rechtspopulisten – wie liberal sind die Niederlande wirklich?

### Übernachten mal anders
Haben Sie schon einmal in luftiger Höhe auf einem Kran übernachtet, in einem Baumhaus oder einem Leuchtturm? Einfach mal ausprobieren!

## Berlin

### Große Kunst
Erwartet Sie in den Berliner Museen, nicht nur in jenen fünf, die auf der Museumsinsel liegen und von der UNESCO zum Welterbe gekürt wurden.

### Die Hauptstadt anders erleben
Wie wäre es mit einer Rikscha-Tour durch das historische Berlin, mit einer Rundfahrt im Trabi oder mit einer Führung durch die Unterwelt?

### Das hippe Berlin
Prenzlauer Berg, Kreuzberg, Friedrichshain und Neukölln, hier trifft sich heute die Szene! Wir verraten Ihnen, welche Clubs und Bars gerade angesagt sind.

www.dumontreise.de

# Lieferbare Ausgaben

**DEUTSCHLAND**
119 Allgäu
092 Altmühltal
105 Bayerischer Wald
180 Berlin
162 Bodensee
121 Brandenburg
175 Chiemgau, Berchtesg. Land
013 Dresden, Sächs. Schweiz
152 Eifel, Aachen
157 Elbe und Weser, Bremen
125 Erzgebirge, Vogtland
168 Franken
020 Frankfurt, Rhein-Main
059 Fränkische Schweiz
112 Freiburg, Basel, Colmar
028 Hamburg
026 Hannover zw. Harz u. Heide
042 Harz
062 Hunsrück, Naheland, Rheinhessen
023 Leipzig, Halle, Magdeburg
131 Lüneburger Heide, Wendland
133 Mecklenburgische Seen
038 Mecklenburg-Vorpommern
033 Mosel
114 München
047 Münsterland
015 Nordseeküste Schleswig-Holstein
006 Oberbayern
161 Odenwald, Heidelberg
035 Osnabrücker Land, Emsland
002 Ostfriesland, Oldenb. Land
164 Ostseeküste Mecklenburg-Vorpommern
154 Ostseeküste Schleswig-Holstein
136 Pfalz
040 Rhein zw. Köln und Mainz
079 Rhön
116 Rügen, Usedom, Hiddensee
137 Ruhrgebiet
149 Saarland
080 Sachsen
081 Sachsen-Anhalt
117 Sauerland, Siegerland
159 Schwarzwald Norden
045 Schwarzwald Süden
018 Spreewald, Lausitz
008 Stuttgart, Schwäbische Alb
141 Sylt, Amrum, Föhr
142 Teutoburger Wald
170 Thüringen
037 Weserbergland
173 Wiesbaden, Rheingau

**BENELUX**
156 Amsterdam
011 Flandern, Brüssel
179 Niederlande

**FRANKREICH**
177 Bretagne
021 Côte d'Azur
032 Elsass
009 Frankreich Süden Languedoc-Roussillon
019 Korsika
071 Normandie
001 Paris
115 Provence

**GROSSBRITANNIEN/IRLAND**
063 Irland
130 London
138 Schottland
030 Südengland

**ITALIEN/MALTA/KROATIEN**
017 Gardasee, Trentino
110 Golf von Neapel, Kampanien
163 Istrien, Kvarner Bucht
128 Italien, Norden
005 Kroatische Adriaküste
167 Malta
155 Oberitalienische Seen

158 Piemont, Turin
014 Rom
165 Sardinien
003 Sizilien
140 Südtirol
039 Toskana
091 Venedig, Venetien

**GRIECHENLAND/ ZYPERN/TÜRKEI**
034 Istanbul
016 Kreta
176 Türkische Südküste, Antalya
148 Zypern

**MITTEL- UND OSTEUROPA**
104 Baltikum
122 Bulgarien
094 Danzig, Ostsee, Masuren
169 Krakau, Breslau, Polen Süden
044 Prag
085 St. Petersburg
145 Tschechien
146 Ungarn

**ÖSTERREICH/SCHWEIZ**
129 Kärnten
004 Salzburger Land
139 Schweiz
144 Tirol
147 Wien

**SPANIEN/PORTUGAL**
043 Algarve
093 Andalusien
150 Barcelona
108 Costa Brava
025 Gran Canaria, Fuerteventura, Lanzarote
172 Kanarische Inseln
124 Madeira
174 Mallorca
007 Spanien Norden, Jakobsweg
118 Teneriffa, La Palma, La Gomera , El Hierro

**SKANDINAVIEN/NORDEUROPA**
166 Dänemark
153 Hurtigruten
029 Island
099 Norwegen Norden
178 Norwegen Süden
151 Schweden Süden, Stockholm

**LÄNDERÜBERGREIFENDE BÄNDE**
123 Donau – Von der Quelle bis zur Mündung
112 Freiburg, Basel, Colmar

**AUSSEREUROPÄISCHE ZIELE**
010 Ägypten
053 Australien Osten, Sydney
109 Australien Süden, Westen
107 China
024 Dubai, Abu Dhabi, VAE
160 Florida
036 Indien
027 Israel
111 Kalifornien
031 Kanada Osten
064 Kanada Westen
171 Kuba
022 Namibia
068 Neuseeland
041 New York
048 Südafrika
012 Thailand
046 Vietnam